Über dieses Buch

Die Themen der Erzählungen Franz Werfels sind (ähnlich wie bei Stefan Zweig) an den Erkenntnissen der Psychoanalyse orientiert. Die Titelnovelle dieses Bandes ist dazu noch der besonderen, damit verwandten Problemstellung des Expressionismus entnommen, dem Generationskonflikt, der Vaterüberwindung, ja -tötung. Der tatsächliche Mord des Sohnes eines Schaubudenbesitzers war für Werfel der äußere Anlaß zur Niederschrift. Vor eben dieser Schaubude entlädt sich in der Erzählung die latente Aggression des Kindes gegen die extreme Autorität des Vaters – es wirft ihm den Ball mit aller Kraft ins Gesicht. Jahre später bricht im Soldaten die Opposition gegen jegliche Bevormundung erneut auf und drängt ihn zu »subversiven Individuen«. Jetzt kann er erkennen, daß sein Vater für ihn nur eine jener »Charaktergruppen« der Schaubude war, die ihn in den »Irrsinnsrhythmus« der eigenen Existenz ziehen wollte. Er wird gefangen, und wieder steht der Vater drohend vor ihm – da will er ihn erschlagen, um sich von ihm als der »Krankheit der Kindheit« zu befreien ... – Andere Dimensionen der Existenz greift Werfel in den beiden folgenden Erzählungen auf: in ›Die Hoteltreppe‹ das Drängen »aus der Dämmerung einer Welt ... in die Dämmerung einer anderen«, den Selbstmord, in ›Spielhof‹ das Phantasieren, das Träumen, das Suchen nach der Eigenverwirklichung.

Der Autor

Franz Werfel, 1890 in Prag geboren, wurde schon 1914 von Rilke als »nächste Generation« begrüßt. Nach dem Ersten Weltkrieg lebte er in Wien. 1938 wanderte er über Frankreich und Spanien nach Amerika aus, wo er am 26. August 1945, erst 55 Jahre alt, in Beverly Hills, Kalifornien, starb – zwei Tage nach der Vollendung des Romans ›Stern der Ungeborenen‹ (Bd. 2063). Nachdem er als bahnbrechender Lyriker zu großem Ruhm gelangt war, schrieb er in zwei Jahrzehnten u. a. die großen Romane ›Der Abiturententag‹ (Bd. 1893), ›Verdi. Roman der Oper‹ (Bd. 2061), ›Barbara oder Die Frömmigkeit‹, ›Die Geschwister von Neapel‹ (Bd. 1806), ›Die vierzig Tage des Musa Dagh‹ (Bd. 2062), ›Der veruntreute Himmel‹ (Bd. 5053), Während der Flucht hatte Werfel für den Fall seiner Rettung gelobt, ein Werk über die Heilige von Lourdes zu schreiben: ›Das Lied von Bernadette‹ (Bd. 1621) wurde sein größter Welterfolg. Im Fischer Taschenbuch Verlag erschienen außerdem: ›Jacobowsky und der Oberst‹ (Bd. 7025), ›Der Tod des Kleinbürgers und andere Erzählungen‹ (Bd. 2060), ›Jeremias. Höret die Stimme‹ (Bd. 2064), ›Cella oder Die Überwinder. Versuch eines Romans‹ (Bd. 5706).

FRANZ WERFEL

Nicht der Mörder,
der Ermordete ist schuldig
und andere Erzählungen

FISCHER TASCHENBUCH VERLAG

11.–15. Tausend: April 1984

Ungekürzte Ausgabe
Veröffentlicht im Fischer Taschenbuch Verlag GmbH,
Frankfurt am Main, März 1982

Lizenzausgabe mit freundlicher Genehmigung
der S. Fischer Verlag GmbH, Frankfurt am Main
Für die Erzählung ›Nicht der Mörder, der Ermordete ist schuldig‹:
Copyright 1948 by Alma Mahler-Werfel
Für die Erzählung ›Die Hoteltreppe‹:
Copyright 1952 by Alma Mahler-Werfel
Für die Erzählung ›Spielhof‹:
Copyright 1955 by Alma Mahler-Werfel
Alle Rechte vorbehalten durch S. Fischer Verlag GmbH, Frankfurt am Main
Umschlagentwurf: Jan Buchholz/Reni Hinsch
Foto: Harro Wolter
Druck und Bindung: Clausen & Bosse, Leck
Printed in Germany
880-ISBN-3-596-25054-4

Inhalt

Nicht der Mörder, der Ermordete ist schuldig
7

Die Hoteltreppe
119

Spielhof
131

Nun sind wir entzweit!

Wie wir einst im grenzenlosen Lieben
Späße der Unendlichkeit getrieben
Ahnen wir im Traum.

Und in einer wunderbaren leisen
Rührung stürzt der Raum.

                        Vater und Sohn

Nicht der Mörder, der Ermordete ist schuldig

Erster Teil

Wie habe ich immer die Knaben beneidet, deren Väter in den Portierlogen oder auf den Türbänken gelassen und freundlich an Sonntagnachmittagen ihre Pfeife rauchten, und wie erst die Buben in den Bürgerzimmern, wo der Hausherr behaglich gerötet, in Hemdsärmeln, die Virginier im Munde und ein halbgeleertes Bierglas vor sich, an dem weißen Tisch saß. Ich will von der Erschütterung schweigen, die ich einmal, noch als ganz kleiner Kadettenschüler empfand, als ich an dem offenen Fenster einer Parterrewohnung vorbeiging und dahinter einen älteren Mann am Klavier sah, der aus einem aufgeschlagenen Notenbuch die Arie des Cherubim: »Neue Freuden, neue Schmerzen« spielte, die sein Sohn, ein wunderschöner, elfjähriger Junge, mit der reinen heiligen Stimme des Kirchensopranisten sang. – Bitterlicher als damals habe ich nie mehr geweint, denn mein Weg führte aus der Kaserne, wo ich allsonntäglich meinem Vater über die Ergebnisse der Woche Rechenschaft ablegen mußte, in die Kadettenanstalt zurück.

Ja, mein Vater rauchte Zigaretten und spielte nicht Klavier. Er rauchte Zigaretten, und zwar solche, die ihm meine Mutter, seine verschüchterte, harte Dienerin traurigen Angedenkens, allabendlich bis in die Nacht hinein mit der Maschine stopfte; denn sein Tagesbedarf war groß. Mit nobel zitternden, gelbspitzigen Fingern führte er diese Zigaretten zum Mund, ob er nun in der Bataillonskanzlei saß, über den Exerzierplatz ritt oder gelangweilt nach der Ursache eines Zornausbruchs sinnend in seinem Zimmer auf und ab ging. Schon als achtjährigem Buben war es mir klar, daß der kein guter Mensch sein könne, der immerfort solche Rauchstöße durch die Nüstern der Nase blies. Alles an diesem Vater war: Von oben herab! Und Rauch durch die Nüstern stoßen, das taten doch nur die Drachen, die es jetzt nicht mehr gab.

Wir waren um diese Zeit in einer der großen Landeshauptstädte mit starker Garnison stationiert. Ich erinnere mich, daß mein Vater anfangs, als Hauptmann, dem Hausregiment zugeteilt gewesen ist. Ich selbst war Zögling der Kadettenanstalt dieser Stadt, also schon als Kind zu schwerer Zuchthausstrafe verurteilt. Doch noch härter war mein Los als das der anderen Offizierssöhne!

Wer nicht in einem unerbittlichen Institut aufgewachsen ist, wird sein Lebtag die Bedeutung des Wortes »Sonntag« nicht ermessen. Sonntag, das ist der Tag, wo die erdrosselnde Hand der Angst um den Hals sich lockert, Sonntag, das ist ein Erwachen ohne bangen Brechreiz, Sonntag, das ist der Tag ohne Prüfung, Strafe, erbitterten Lehrerschrei, der Tag ohne Schande, ohne zurückgewürgte Tränen, Erniedrigungen, der Tag, da man in einem süßen Glockenmeer erwacht, die Bäume des armseligen Anstaltsgartens sind Bäume und nicht fühllose Gefangenenwächter wie sonst, der Tag, wo jeder mit dem weißen Erlaubnisschein die Wache am Tor passiert und in die Freiheit und Freude tritt.

Ach, selbst der Sonntag konnte mich nicht froh machen, dieser Tag, den die Kameraden in aller Frühe schon mit unterdrückten Jubelschreien begrüßten, wenn sie aufsprangen und ihre Köpfe unter die mager tröpfelnde Waschgelegenheit hielten. Sie durften den ganzen Tag über ausbleiben bis neun Uhr abends, ja, manche sogar bis zehn, bis elf; dann erst, zu solch später Stunde, warf sich das furchtbare Montagsgespenst mit der Wucht der Versäumnisse und ungelösten Aufgaben über sie.

Aber am Morgen entflohen sie zitternd und rot vor Glück dem Kerker, kehrten in ein Heim ein, wo sie, wenn auch spärlich, so doch eine Spur von Liebe und Betreuung empfingen; sie wurden am Nachmittag in eine Konditorei geführt oder durften mit ihren Eltern auf der Terrasse eines Cafés sitzen oder in einem Restaurationsgarten in den schneidigen Blech- und Paukendonner der Militärmusik tauchen.

Was war mein Sonntag? Um zehn Uhr morgens verließ ich die Kadettenschule mit entsetzlichem Herzklopfen und einer schweren Übelkeit im Magen, ohne daß ich vermocht hätte, den Frühstückskaffee aus der verbeulten Soldaten-Blechschale herunterzutrinken. Denn ich mußte Punkt halb elf in der Bataillonskanzlei vor meinem Vater stehen, der mich mit dienstlich verächtlichem Blicke maß und anfuhr:

»Korporal, wie stehn Sie da?«

Das wiederholte sich jedesmal. Meine Knie schlotterten dann,

und mit Anspannung aller Kräfte nahm ich strammer Stellung. Es folgte das Verhör über die Noten und Zensuren, die ich in der abgelaufenen Woche davongetragen hatte. Niemals ein Lob, immer aber flogen mir Kommißschimpfworte an den Kopf, und ich pries den Gottestag, an dem es mir so gut erging, daß ich »nur mit Hohn« bedacht worden war.
Während dieser Hinrichtungen blies der Vater den Rauch der Zigaretten ohne Aufhören durch die Nase. (Ich habe in meinem Leben keine Zigarette berührt, und das ist wohl das einzige Laster, dem ich nicht verfiel.) Der Rapport schloß damit, daß der Vater sich über ein Dienststück beugte, den Rechnungsfeldwebel, der in der Ecke der Kanzlei die ganze Zeit über stramm stand, zu sich heranwinkte und, ohne aufzublicken, mir befahl: »Abtreten!«
Auf der Straße wurde es mir ganz bitter im Mund. Ich konnte mit meinen kleinen Beinen kaum mehr weiter.
Von Sonne und Furcht waren mir die Augen ganz betäubt, und dennoch mußte ich mit gestreckten Knien vorwärtsschreiten, den Kopf salutierend nach rechts und nach links werfen, um ja keinen Offizier zu übersehn.
Und noch eins! Alle meine Mitschüler trugen am Sonntag eigene Uniformen aus Kammgarnstoff und von gutem Schnitt. – Ich allein mußte in der plumpen ärarischen Montur meinen Ausgang machen, und wie oft schämte ich mich der blauen, die Beine verunstaltenden Hosen.
Todmüde kam ich so gegen die Mittagsstunde zu dem Hause, wo meine Eltern wohnten. Doch auch dieses Haus war im Bann meines Schicksals gelegen, es stand in der Hörweite der Retraite und Hornsignale.
Jedesmal mit neuem Herzklopfen läutete ich an. Meine Mutter öffnete mir selbst; denn Offiziersfrauen können sich ja keine Dienstboten halten. Ich küßte ihr die Hand, sie fuhr mir kurz mit ihren bigotten trockenen Lippen über die Stirne. Dann mußte ich den Waffenrock ablegen und ein ausgewachsenes kurzärmeliges Lüsterjäckchen anziehn, eines meiner Schulbücher nehmen und still dasitzen, während die Mutter mit kurzen merkwürdigen Rucken in der Küche hantierte. Wie sie hin und her ging, dachte ich oft: »Warum trägt meine Mutter so große, gerade Stiefel mit breiten platten Absätzen, ganz anders als die geschwungenen Schuhe, welche die hellgekleideten Frauen auf

der Straße tragen? – Warum empfinde ich bei ihrem Schritt nicht dasselbe wohlige Gefühl, das mich angesichts der schönen klappernden Frauenschritte da draußen durchrieselt?« –
Mittags kam der Vater nach Hause. Seine Lackstiefeletten blitzten. Er brachte es fertig, durch den ärgsten Staub und Kot zu gehn, ohne daß sein tadelloses Schuhwerk auch nur von dem kleinsten Fleck verunstaltet wurde. Es geschah regelmäßig dasselbe. Er hing den Tschako und frischvernickelten Salonsäbel an den Haken, zog sein Bartbürstchen und kämmte sich zurecht, schlug in der Türe leicht die Sporen aneinander und begrüßte meine Mutter und mich, die schon mit der Suppe warteten, mit einem förmlichen »Servus«, wie er es von Kameradschaftsabenden her gewohnt war, wenn er unter rangsjüngere Kameraden trat.
Beim Essen wurde wenig gesprochen, denn einen schweigsameren Menschen als meine Mutter habe ich nie gesehen, die nur ein Gegenstand völlig in Schwung zu bringen vermochte: Der Judenhaß. Mein Vater machte zwischen zwei Bissen dann und wann eine Bemerkung über einen Offizier. Den Untergebenen und Gleichgestellten pflegte er schlechtweg mit seinem Zunamen zu nennen, den Vorgesetzten bezeichnete er mit der Charge, wobei er niemals vergaß, das Wort »Herr« voranzusetzen.
Er war ein ausgezeichneter Offizier. Das Dienstreglement war ihm in Fleisch und Blut übergegangen.
Wenn er das Wort an mich richtete, so war es immer eine Prüfungsfrage. Einmal zog er sogar, während ich in meinem verflachsten Rindfleisch stocherte, eine zusammengefaltete Generalstabskarte aus der Tasche und verlangte von mir, ich solle die Karrenwege im Raume von Jezierna, das ein unbedeutendes galizisches Nest ist, genau beschreiben. Das war selbst meiner Mutter zu viel. »Laß das Kind essen, Karl!« sagte sie. Und ich habe ihr dieses gute Wort – »Kind« – nie vergessen.
Diese Mahlzeit war der Höhepunkt meines Sonntags. Um fünf Uhr mußte ich schon wieder in dem weißgetünchten Zimmer mit den zehn Eisenbettgestellen sitzen und über einer arithmetischen Aufgabe brüten, verzehrt von Montagsangst und Sodbrennen.
Nur in den Ferien war es etwas anders. Zwar unterließ es mein Vater nicht, die Schule zu ersetzen und alltäglich mir einen

Rapport zu verordnen, wo er das Pensum, das er mir tags vorher aufgebürdet hatte, abhörte – aber ich durfte doch eine Stunde länger im Bett liegenbleiben, das nicht ganz so hart war als das der Kadettenanstalt; auch blieb mir Zeit, ein wenig zu flanieren, mit dem Hund zu spielen oder eine Indianergeschichte zu lesen.
Vollends erträglich wurde der Zustand, wenn die Zeit der Manöver heranrückte und der Vater mit seinem Regiment ins Sommerquartier ging. Von dem ersten Augenblick seiner Abwesenheit an war meine Mutter wie verwandelt. Sie ging mit mir viel spazieren, erzählte von ihrem Vater, der Rechnungsrat im Finanzministerium gewesen war und ein berühmter Schachspieler – selbst ihre Schuhe, die meinen Schönheitssinn immer beleidigt hatten, bekamen eine weniger strenge und angenehm weibliche Form; ich mußte mir nicht mehr selbst die abgerissenen Knöpfe annähen, sie wusch mir auch den Kopf und zog mir mit Sorgfalt den Scheitel.
Eines Tages kehrten wir sogar in eine Konditorei ein, und zum erstenmal im Leben durfte ich Schokolade mit Schlagobers genießen.
Einmal in dieser Ferienzeit erwachte ich in der Nacht. Da sah ich meine Mutter mit einer Kerze vor meinem Bett stehen. Sie hatte das Haar geöffnet, und ich konnte erkennen, daß es sehr schön war.
Über ihr Gesicht liefen viele Tränen. Sie setzte sich zu mir und küßte mich in einem wilden plötzlichen Überschwang. Da fing auch ich an, unaufhaltsam zu weinen. Am Morgen erwachte ich und hatte das erstemal in meiner Jugendzeit wirklichen Appetit.
In den ersten Tagen des September kam der Vater von den Manövern zurück. Doch diesmal hatte ich ein ungeahntes Glück. Er schien nicht derselbe zu sein. Sein Gesicht war freundlicher und wohl gerötet, seine Gestalt weniger infanteriepedantisch, fast die eines Reiters. Er trug keine gelben Waschhandschuhe, als er eintrat, sondern weiße dünne Glacés, klopfte mir auf die Schulter und sagte: »Nun, Bub, wie waren die Ferien?« Ich traute meinen Ohren nicht und wurde maßlos rot.
Die Veränderung im Benehmen meines Vaters hatte einen guten Grund. Die Manöver waren für ihn außerordentlich

günstig abgelaufen. Bei der Kritik hatte ihn der Thronfolger dreimal höchst schmeichelhaft erwähnt, er war fast außertourlich mit Überspringung von sieben älteren Hauptleuten zum Major avanciert, und was die seltenste Auszeichnung ist, ihm war der Adel mit dem Prädikat »Edler von Sporentritt« verliehen worden. Es war vorauszusehen, daß er, trotzdem er das Studium der Kriegsschule einst hatte unterbrechen müssen, zum Generalstab versetzt werden würde.
Die letzten acht Tage dieser Ferien waren die glücklichsten meiner ganzen Kindheit. Der Vater war jovial und eifrig bestrebt, die Gewohnheiten eines Frontsoldaten mit denen eines militärischen Diplomaten zu vertauschen.
Hausrapporte, Prüfungen, Gespräche über Kasernenfragen verschwanden ganz. In unser Hinterzimmer zog eine Hausschneiderin ein; für meine Mutter sollte ein Straßenkostüm nach der Mode angefertigt werden. Ihr Gesicht glühte in mädchenhafter Erregung, wenn sie mit der alten Jungfer über ein Schnittmuster gebeugt stand oder selbst an der Nähmaschine saß. Es konnte auch geschehen, daß mein Vater, der jetzt eine weniger vorschriftsmäßige feinere Uniform trug, in das Kabinett trat, um einer Anprobe beizuwohnen. Wenn er seine Meinung über eine Falte oder Rüsche aussprach, vergaß er nicht, seinen Worten einen näselnden, leichtfertigen Ton zu geben.
Eines Abends hatten wir sogar Gäste. Der Regimentskommandant und der Brigadier mit ihren Damen. Es gab vor dem Braten eine Vorspeise, französischen Salat in Muscheln. Ich, der bei Tisch dabei sein durfte, erstarb in Ehrfurcht vor dieser geheimnisvollen edlen Speise.
Meine Mutter bewegte sich in ihrem guten Seidenen, das heute ganz ungewohnt vornehm wirkte. Ihr schönes Haar trat gut zutage. Sie trug eine dünne Goldkette, an der ein Türkiskreuz hing, um den Hals, an den Handgelenken klirrende Silberarmbänder.
Es wurde Wein und Bier getrunken. Der Brigadier gab wohlwollend jüdische Anekdoten zum besten, der Oberst Kasernenhofblüten. Beide nannten meinen Vater: »Lieber von Sporentritt!« Sie waren bürgerlichen Namens und nicht wenig stolz, daß ein so hochqualifizierter Offizier in ihrem Dienstbereiche stand. Als sie aufbrachen, zwickte mich der General freundlich

in die Wange. Ich stand starr wie eine Ordonnanz an der Türe.
Meine Eltern waren mit diesem wohlgelungenen Souper sehr zufrieden. Was ich bisher noch nie gesehen hatte, ich sah meinen Vater mit unterm Kopf verschränkten Armen sich in einem Schaukelstuhl wiegen. Das war für mich eine überaus aristokratische Geste.
Vor dem Schlafengehen küßte der Vater meiner Mutter die Hand. Ich glaube, das war der glücklichste Augenblick ihres Lebens.
So nahte für mich der letzte Sonntag dieser wunderbaren Ferien heran, und der Zufall wollte es, daß dieser Tag gerade mit meinem dreizehnten Geburtstage zusammenfiel. So durfte auch ich einmal im Leben ein Sonntagskind sein.
Am Morgen dieses Tages trat ich zu meinem Vater ins Zimmer, der gerade beim Frühstück saß. Er ließ mich niedersetzen und teilnehmen. Trotz seiner Freundlichkeit in den letzten Tagen hätte ich in meiner Verschrockenheit doch nicht gewagt, dieser Aufforderung zu folgen.
»Es ist ja heute dein Geburtstag«, sagte er, »setz dich nur!« Ich trank zaghaft aus der Tasse, die er mir hingestellt hatte. Er schwieg lange still, und ich fühlte, daß er über mich nachdachte.
»Du bist heute dreizehn Jahre« – begann er plötzlich – »und die Jugend geht rasch vorbei! Gerade an meinem dreizehnten Geburtstag, erinnere ich mich, hatte mir mein Vater, der Oberstleutnant, ein besonderes Vergnügen zum Geschenke zugedacht. Ich will dir das gleiche Geschenk machen, und du magst ebenso an deinem Sohne handeln. Du wirst es einmal verstehn, daß die Tradition den Wert einer Familie bedeutet. Halte dich heute nach Tisch bereit und jetzt geh!«
Nach dem Essen, das besser war als sonst, gebot mir der Vater noch einmal, mich anständig zurechtzumachen. Er selbst aber stand auf und ging in sein Zimmer. Nach einer halben Stunde kam er zurück. Aber was war geschehen? Er hat Zivilkleidung angelegt – und so wenig ich damals davon verstehen konnte, so sehr fühlte ich doch die Verwandlung ins Armselige, die mit diesem sonst so steifen und klirrenden Menschen vor sich gegangen war. Das war nicht mehr die erdrückende Erscheinung von vorhin, so sahen die vornehmen Herren auf der

Straße nicht aus, dieser Vater glich jetzt den mageren Gestalten hinter den Postschaltern.

Unter den allzu kurzen Ärmeln traten viel zu weit die angeknöpften Manschetten vor, der Kragen schien eng und von einer veralteten unerfreulichen Fasson zu sein. Die genähte Krawatte ließ den gelben Kragenknopf sehn. Die Hosen, überaus gebügelt, spiegelten hinten, was dadurch besonders sichtbar wurde, daß der Rock ebenso kurz wie alles andere war.

Tadellos allein wirkten Frisur, – Stock, Hut und Handschuhe, die der Vater, als wäre er das sehr gewohnt, leichthin in der Hand trug.

Wie wach ist doch ein Kinderherz!

Ich verstand so viel!

Der Mann, der mein Vater war, jetzt hatte er sich enthüllt.

Armut, Engbrüstigkeit und Schäbigkeit; nun traten sie als Wahrheit hervor, nachdem Glanz und Planz im Kasten hingen!

Und doch!

Eine ungeheure Welle von Wärme und Mitleid für ihn stieg in mir auf.

Wir gingen über die Straße, beide mit dem dummen und kniewerfenden Schritt der Soldaten.

»Wohin gehen wir?« wagte ich zu fragen.

»Das wirst du schon sehen.«

Als wir mitten auf der großen Brücke standen, wußte ich plötzlich, und das Blut stockte mir vor wunderbarem Entsetzen: »Es geht auf die Hetzinsel.« Die Hetzinsel war gleichsam der Wurstelprater unsrer Stadt.

Meine Kameraden, die sie hatten besuchen dürfen, berichteten das Tollste. Panoptikum, Grotten – und Bergbahn, verzaubertes Schloß, Photograph, Schießstätten, rasende Karusselle, elektrische Theater, daß diese Entzückungen nicht fehlen durften, war ja selbstverständlich. Daß aber ein wirkliches bodenständiges Stück Wüste da wäre, mitten auf dieser Flußinsel, ein Stück wahrer Sahara, auf dem echte Beduinen ab halb vier Uhr alltäglich ihre »Fantasia« ritten, das hatte mir ein besonders glücklicher und gewiegter Besucher versichert.

Mein Vater und ich stiegen die breite Treppe, welche die große Brücke seitlich unterbrach, hinab, traten durch ein hochgebautes Torgerüst, von dem hundert brennende Fahnen niederwallten, und standen schon im Wunder.

Im ersten Augenblick verging mir der Atem vor dem gigantischen Lärm, der auf mein Ohr eindrang, das angstvoll nur an das Schrillen der Exerzierpfeife und die Bosheit des Lehrerworts gewöhnt war. Selbst die Furcht vor meinem Vater schwand für eine Sekunde. Ich wollte die Hand ausstrecken, um die seine anzufassen, aber durchblitzt fuhr ich noch im letzten Augenblick zurück.

Unzählige Menschen in unzähligen Gruppen wogten durch-, mit-, gegeneinander und bildeten doch eine gleichgerichtete gemeinschaftliche Strömung, gerade so wie die vielen durcheinandertanzenden Wirbel des Wassers einen Strom. Die irrsinnige Musik, der Triumph der Menge, schloß mich ein wie etwas ungeahnt Gütiges, mein kleiner zertretener Mut begann zu wachsen, ich sah diesen Vater neben mir fast klar beobachtend an und fühlte: »Was ist denn der Mächtige da heut im grauen, nicht mehr neuen Röckchen anderes, als einer unter vielen!? Wem kann er heute was kommandieren, wer würde ihm gehorchen!? Keiner schert sich um ihn, keiner grüßt ihn, kein Soldat salutiert, ja – sie schauen ihn ruhig frech an und scheuen sich gar nicht, ihn zu puffen.«

Mein Vater schien ähnliche Gedanken zu hegen.

Wenn ihn jemand berührte oder gar auf den Fuß trat, knirschte er mit den Zähnen und stampfte auf. Das Gesicht war verzerrt und verfallen. In seinen vor der übermäßigen Sonne zusammengekniffenen Augen blitzte Haß. Sein heute unvorteilhaft zur Schau getragener Körper kämpfte um die Möglichkeit, plötzlich luftleeren Raum um sich zu haben, aus dem Bann der Menge zu fallen, eng und goldverschnürt mitten in einer tausendfältigen Stille dazustehen.

Oh, wie sollten kurz und scharf aus seiner Kehle die Kommandoworte fahren: »an!« und »Feuer!«

Wir aber wurden im unbesiegbaren Strom von Leibern, Gelächtern, Gekreischen vorwärts gestoßen, und je mehr ich fühlte, daß mein Vater darunter litt, um so mehr genoß ich die süße Rache, ihn zu dieser Ohnmacht verurteilt zu sehen. Seltsam! Ich erlebte den ersten Sieg gegen diesen Vater in der Stunde, da er mir die erste Güte entgegenbrachte.

Indessen waren wir der schmalen Gasse zwischen schreienden Buden, dem Schweißgeruch der in einer Flußenge zusammengezwängten Menge, der Unzahl von Kindertrompeten und

bunten Luftballons entkommen und standen im Strudel eines großen Platzes.
Viele gewaltige Orchestrions und elektrische Orgeln donnerten. Dreizehn Jahre alt!
Es war das mächtigste Erlebnis, das ich bisher empfangen hatte, und dieses Erlebnis wurde vielleicht nur von einem noch übertroffen, als ich von Bord des »Großen Kurfürsten« die vielen Begrüßungsorchester durcheinandertoben hörte, die uns mit einer nie geschriebenen Dämonmusik im Lande der Hoffnungen empfingen, wo ich jetzt diese Geschichte aus meinem Leben aufzeichne.
Die elektrischen Orgeln brüllten, die langgezogenen Schrecknisse ihrer Opernmelodien zu einem fabelhaften Chaos verschlingend.
Ich stand erschöpft in diesem Platzregen von harmonischen Felsen. Mein Körper war eingeschlafen, ich konnte mich kaum rühren.
Der Vater zog mich in ein Ringelspiel. Ich mußte mich auf ein Pferd mit übertrieben geschnitztem Hals setzen und die Zügel in die Hand nehmen. O welch ein eigentümlicher Geruch von Holz, Leder und warmen Roßhaaren! Die Farben- und Gestaltenfülle waren zu groß, als daß ich hätte noch unterscheiden können. Hohl setzte die Orgel ein: »Müllerin du Kleine!« Das Spiel begann sich langsam zu drehen. Ein Mann in kurzen Hosen und schwarzem Trikot avancierte und retirierte schneidig auf der rotierenden Scheibe. Oben wehten rote Vorhänge über Kinderjuchzern. Die Bewegung wurde schneller, immer schneller, die Drehscheibe, auf der die Pferde, Wagen, Drachen, Königstiger, Löwen, Traumtiere liefen, schien einen Trichter bilden zu wollen – ich lehnte mich mit glühenden Wangen zurück, um mich dem Rausch der Schnelligkeit hinzugeben. Da aber sah ich meinen Vater, groß, wie über alle anderen gewachsen, dastehen, scharfen Blicks, vorgestellt den rechten Fuß, und den Stock, wie eine Longierpeitsche in der Hand. Er rief mir im Ton des Reitlehrers zu:
»Gerade sitzen! Oberkörper zurück!«
Doch – schon war ich vorbei und nahte voll Angst in der neuen Tour. Unbeweglich stand er da. Ich hörte seine Stimme:
»Sattel auswetzen!«
Vorüber! Während der nächsten Tour hatte ich schon den

bitteren Geschmack im Munde. Des Vaters Stellung war um keinen Zoll verändert.
Und wieder die Stimme.
»Schenkel an den Sattel, Fußspitzen auswärts.«
Als ich von meinem Holzpferd stieg, war ich traurig und zerschlagen wie nach einer Prüfung.
Mein Vater hatte sich für den kurzen Augenblick meines Sieges von vorhin bitter gerächt. Doch gab er sich damit zufrieden, tadelte mich nicht weiter und löste Karten für die Grottenbahn, deren Geheimnisse ein Zwerg im Kostüm der Hofnarren und eine Riesendame mit der Pauke ausriefen. Diesmal nahm der Vater teil, doch zeigte sein Gesicht keine Regung. Die Orgel, die hier spielte, war mächtiger als die der anderen Unternehmungen. Es ging von ihren Tonungeheuern ein Luftzug aus, der mir wie Zauberei erschien. Wir fuhren knarrend in den schwarzen Schacht ein. Da es ganz finster war, hatte Gott den Vater von mir genommen. Ich sah ihn nicht. Die Beklommenheit fiel, und ich überließ mich dem Traum. Aber es waren viele Träume:
Hexen ritten, während der Winterwind die Tannen entwurzelte, dürr, nackt und mit flatternden Strähnen auf wippenden Ästen. Schweigend, grün, unendlich tat sich der Meerboden auf. Algen sanken wie Schleier nieder, langsam schwebten Riesenquallen, namenlose Fische zogen in Scharen durch eine warme Strömung, ein Tier, das bläuliche Strahlen warf und wie eine Lampenkugel mit Schwanz und Flossen aussah, stieg majestätisch empor. Auf dem Grunde, der ein Gebirge, gebaut aus Muscheln, Korallen, Riesenkrebsen, rostigen Ankern und verstreuten Edelsteinen war, faulte die von Fischen angefressene Leiche eines Steuermanns, und ganz in der Ferne, wo der Schein der Tiefe glasig wie unnatürlicher Schlaf erschien, schwankte das Wrack einer Fregatte mit hohem Kiel, gekipptem Mast und quadratischen Kabinenluken im langsamen Rhythmus des unsichtbaren Wogengangs. Vom Bugspriet schimmerte eine winzige Laterne seit Jahrhunderten unerloschen mitten im Leib des Wassers. Doch nicht genug damit. Auch die Wolfsschlucht erlebte ich. Der Wind stürzt die Brücke ein, die über den Wasserfall führt, Eulen schweben, das Wildschwein ist zu hören, zwei Töne grunzt es ununterbrochen wie ein Fagott, Kaspar gießt im Flammengeprassel die

Freikugeln, Samiel fährt im roten Feuermantel aus einer Höhle.
Ich kannte diese Geschichte sehr gut. Ein Kamerad, der einzige mit dem ich mich verstand, hatte sie mir oft erzählt.
»Samiel hilf!« schallte es durch den Wind. Wir rasselten weiter ins Dunkel. Ich vernahm die Stimme des Vaters.
»Was war das?« fragte er, nicht wie einer, der prüft, sondern wie einer, der selbst nichts weiß. Da wir uns ja nicht sahen, durfte er sich etwas vergeben.
»Das war Freischütz«, gab ich zur Antwort.
»Was ist das, Freischütz?« hörte ich seine Stimme, diesmal aber ohne Nachdruck.
»Freischütz ist eine Oper«, dozierte ich, Wort für Wort setzend wie ein Lehrer.
»Eine Oper – so?«
Der Vater meinte das verdrießlich und gleichgültig aber es war nicht zu vertuschen, es gab eine Welt, wohin er mir nicht folgen konnte; ich hatte ihn überwunden. Stolz straffte mich. – Jetzt hätte ich reiten können!!
Das Größte aber, was es gab, war das Erdbeben von Lissabon. Trotzdem einer der Mitschüler mir vorgeschwärmt hatte, in der Grottenbahn wäre der ganze Weltuntergang zu sehn, war ich nicht enttäuscht.
Wie die Häuser der Stadt dastanden grell und weiß in dem blauesten aller Tage, wie das Meer voll roter und gelber Segel den Horizont hinanstieg, wie jetzt nach und nach das wilde Gezwitscher der Vögel verstummt, und – die Sonne steht hoch am Himmel – es langsam immer dunkler und toter wird! Wie man fühlt, daß die Menschen vor der grauenhaften Erscheinung dieser Dunkelheit mitten am Tag sich in die Häuser flüchten und in den Kellern verstecken! Da ist es auf einmal ganz finster und plötzlicher Sturm wirbelt eine ungeheure Staubhose in die Schwärze, der das Tosen von Millionen Donnern, Kanonenschlägen, Hagewettern und Explosionen folgt. Unsichtbar das Meer mit einer Risensturzflut überschwemmt die Nacht und tritt sogleich zurück. Und diese Finsternis? Dauert sie tagelang, jahrelang oder nur die halbe Minute, die sie wirklich dauert? Jetzt hellt sie sich ein wenig auf. Feuerschein immer mehr, und der Riesenbrand der Stadt leckt mit Millionen Flammen und Schatten den Himmel aus,

während heiser und schwach – denn wie ferne in Zeit und Raum geht dies alles vor sich – Zischen, Sud und Geprassel das Züngeln begleitet.
Gleich als wir ins Freie traten, wurde es mir in der Seele warm und gut. Daß ich gewußt hatte, daß es »Freischütz« und überhaupt ein Ding gab, das sich Oper nannte, und daß ich meinen Vater hatte belehren können, richtete mich auf. – Einst würde *ich* Rapport halten, und sein Mund, der nur den harten Akzent des Dienstes kennt, wird stocken müssen.
»Nun wollen wir uns restaurieren«, sagte der Vater. Wir kehrten in einen Kaffeegarten ein. Ach, wie gütig war doch heute der Gestrenge. Er fragte mich sogar: »Was wünschest du zu nehmen, Karl?«
Ich brachte kein Wort heraus. Er aber kaufte dem Kuchenpikkolo drei Leckereien ab, legte zwei davon zu der Tasse Schokolade, die er mir bestellt hatte, und behielt selbst nur eine. Mein Herz schämte sich.
Das war der Papa, der vor mir saß. Der Große, Bewunderte, Alleswissende, Alleskönnende! Wen hatte ich denn sonst noch auf der Welt als ihn? Ich liebte ihn ja! Ich sehnte mich in bittern Nächten nach seiner Liebe, und der Schmerz aller Erniedrigungen war nichts gegen die Qual jenes oft geträumten Traums, da ich ihn in Pulverdampf gehüllt, seinem Bataillon vorausprengend in die Luft greifen und fallen sah!

Wohin sollte meine kleine Seele mit den hin und her gerissenen Gefühlen? Der Vater winkte einen Kellner heran! »Wo ist hier die Schießstätte?« Der Mann gab Auskunft.
Das väterliche Auge sah mich scharf an. »Wir werden jetzt etwas Nützliches tun! Ich will sehen, ob du zum Plänkler taugst.« Ich war aus dem Himmel meiner Zärtlichkeit geworfen, und sogleich kehrte der bittere Geschmack zurück.
Auf dem Wege zur Schießstätte aber erlebte ich das Furchtbare, das meine ohnehin schon zerstörte Kindheit noch mehr zerstören sollte.
Vor einer großen Bude drängte sich eine Menge von Leuten. Eine gemütliche, etwas fette Stimme war zu hören: »Fürchten Sie sich nicht, meine Herrschaften! Nur immer heran! Was kann man Besseres an seinen Feinden tun, als ihnen den Hut vom Kopf werfen! Man muß nur geschickt sein. Man muß nur gut zielen können! Immer nur heran, meine Herrschaften!

Lernen Sie, Ihren Feinden den Hut vom Kopf werfen! Das ist gut für alle Parteien: gut für Klerikale, Agrarier und Sozialisten!«

Wir traten näher. Auf dem Ladenbrett der Bude waren große Körbe mit roten, blauen und weißen Filzbällen zu sehen. Hinter dem Brett stand der Budenbesitzer, ein Mann von schlau-gutmütigem Aussehn, der eine Militärkappe und einen roten Kaiserbart trug. Er zwinkerte vielsagend mit den Augen, wenn er die Bälle ausgab und die Münzen einstrich; dann sagte er wohl: »Nur gut zielen, mein Herr, Sie werden schon den richtigen treffen!« Und die Leute zielten und warfen, daß die Bälle sich nur so in der Luft kreuzten. Das Gelächter wollte gar nicht aufhören.

Wohin aber zielten und warfen sie? Mein Entsetzen war grenzenlos! Auf lebendige Menschen! Lebendige Menschen wurden von ihnen gesteinigt. Nein, das war ja nur eine Täuschung. Gott sei Dank, es sind ja nur Puppen, nur Figuren, denn solche Menschen hätte die Erde niemals tragen können.

Und welche Bewegung? Auf und nieder! Auf und nieder! Mir schwindelte.

Der tiefe Hintergrund der Bude war dreifach geteilt. Rechts und links sah man hintereinander erhöht je zwei Bänke; aus jeder dieser Bank tauchten in hypnotischer Regelmäßigkeit auf und nieder, auf und nieder je drei Gestalten! Zwölf durch alle Höllen gehetzte Grimassen stiegen in magnetischem Rhythmus aus den Bänken auf und versanken wieder. Stiegen auf – versanken.

Die verzerrten Physiognomien, die zynisch aus dem Abgrund auffuhren, um wieder dahin zurückzukehren, waren so genial voneinander unterschieden, daß ich keine von ihnen je vergessen könnte. Da war ein unerbittlicher chinesischer Mandarin, ein unsagbar jüdischer Jude, ein Offizier mit Pferdezähnen in der Uniform einer phantastischen Fremdenlegion, ein scheußlich rotwangiger Henker in Frack, ein Jesuit, wie ein schwarzer und böser Strich, ein knopfblanker Bauer mit einer zerfressenen Nase, die ihm wie eine Traube von roten Beeren aus dem Gesichte hing, ein Neger, ein Gehenkter, ein Mensch im Zuchthauskittel, eine besoffene Teerjacke, ein Spitalsbruder, ein Brigant und ein lebendig Begrabener.

Um das ungerührt erscheinende und verschwindende Grinsen dieser Zwölf flogen die Bälle – trafen mit dumpfen Hall Brust, Aug' und Stirn. Hie und da gab es einen Treffer. Dem Mandarin fiel dann seine Mütze, dem Offizier sein Tschako, dem Bauer sein Dreispitz in den Nacken.
Manchmal – und ich erinnere mich oft an diese Puppen – kommt mir der Gedanke: Es sind zwölf Höllensträflinge, von Gott verurteilt, als Holzfiguren ihr grauenhaft irdisches Wahnbild weiter zu bewohnen und hier in den Schulbänken des Budenbesitzers zu einer ewigen Turnstunde verdammt, ihr Leben nachzusitzen.
Mögen sie erlöst werden!
Ganz anders aber war die Gesellschaft, die sich im Kreise auf der großen Scheibe drehte, welche die Mitte des Budenhintergrundes einnahm. Es waren wiederum zwölf! Aber zwölf, die eine solche unnachahmlich schäbige Würde auszeichnete, daß sie kaum auseinanderzuhalten waren. Der Beruf dieser zwölf Holzmenschen war klar. Was denn anders konnten sie sein als Leichenbitter, Wucherer, Zeremonienmeister der Begräbnisse dritter bis siebenter Klasse, Tanzlehrer letzter Sorte, Klavierspieler bei den Unterhaltungen der Armen!
Alle waren sie in Trauer gekleidet, trugen lange, schwarze, ausgefranste Bratenröcke, hohe, blinde Zylinder, von denen Flöre niederhingen. Sie drehten sich langsam und gemessen im Kreise, so, daß ich weniger ihre todernsten, starren Gesichter sehen konnte, als den Rücken, der das Traurigste von der Welt war.
In ihrer schleichenden Haltung schienen sie einem unsichtbaren Sarge zu folgen oder verflucht zu sein, dort, fern im Schatten, eine Türe zu sehn, der sie ewig zustreben, die sie doch nie erreichen durften, immerdar an der Möglichkeit des ersehnten Abgangs vorbeigedreht. Die alten traurigen Männer, mehr als die Teufelsbilder rechts und links, waren Zielscheiben der sausenden Steinigung. – Trat eine Pause im Bombardement ein, so erschien hinter einem Vorhang des Hintergrundes ein Junge und setzte den Greisen die Zylinder auf, die ihnen die Bälle vom Kopf geschlagen hatten.
Er war nicht älter als ich. Vielleicht feierte er heute auch seinen Geburtstag. Sein Antlitz war ebenso mager und blaß wie das meinige; seine schwarzen Augen leuchteten aus tiefen Höhlen.

Und doch! Wie gut hatte er es – wie schlecht hatte ich es! Er trug an seinen Gliedern keine vorschriftsmäßige Uniform, er ging wohl in die Bürgerschule, wo die Buben zu spät kommen, ausbleiben und Allotria treiben dürfen, soviel sie nur wollen. Sein Vater lachte während der Arbeit viel und aus Herzensgrund, war beredt, behaglich, und jetzt – jetzt zündete er sich die Pfeife mit dem Türkenkopf an und begann, wohlig keuchend zu paffen.
Die Bälle schwirrten, die haßerfüllten Fratzen tauchten auf und nieder, die schäbig würdigen Greise wandelten hoffnungslos an der Türe ihrer Erlösung vorbei.
Auch der kleine Junge hatte mich gleich entdeckt. Wir waren die einzigen Kinder hier. Sofort spann sich eine starke Beziehung von mir zu ihm – von ihm zu mir.
Er winkte mir, einen Ball zu werfen, kniff bedeutsam die Augen ein, pfiff mir ein Signal zu, schnitt eine Fratze und winkte mir immer wieder.
Oft sah ich nichts als seine Hand, die wie ein Gespenst mit Daumen und Fingern hinter dem Vorhang hervorgestikulierte.
Ich machte schüchtern meinerseits Zeichen, deren Sinn ich selbst nicht verstand.
Verloren starrte ich diesen hohläugigen Knaben an, der mir glücklich wie die Freiheit selbst erschien!
Ich fuhr zusammen. Denn die kommandierende Stimme meines Vaters schnarrte: »Karl, nun zeig, ob du eine sichere Hand hast und ob du einmal das Recht haben wirst, des Kaisers Rock zu tragen!«
Er gab mir einen Ball in die Hand. Was sollte ich damit anfangen? Auf und nieder tauchten die Bösen; die Leichenbitter schlichen an dem Jungen vorbei, der immer wieder den Kopf vorbeugte und mir mit fünf gespreizten Fingern winkte und winkte.
Alle Puppen hatten ihre Hüte auf – denn kein Mensch warf mehr einen Ball, so scharf war die Stimme meines Vaters gewesen. Die Leute sahen ihn erstaunt und feindlich an. Alle Blicke waren auf uns beide gerichtet. Zitternd hielt ich den Ball in meiner Hand. Alles schwieg, und nur der Budenbesitzer sagte: »Nun, junger Mann!?«...
Mein Vater richtete sich auf. Die Bedrückung, einer nur unter

Tausenden zu sein, war von ihm gewichen. Er stemmte die Hand in die Hüfte, wie es der tut, der endlich das Übergewicht über andere gewonnen hat, wie der geblähte Leutnant es macht, der vor seine Rekruten tritt. Das Schweigen um uns tat ihm sichtlich wohl.
»Wird's bald!? Wirf!« sagte er mit lauter Kasernenhofstimme.
Mein ganzer Körper brannte vor Scham und Angst. Ich hob den Ball und warf ihn kraftlos ins Ungewisse hinein. Er fiel schon in der Mitte der Bude zu Boden. Nichts unterbrach das Schweigen, nichts als die kleine Lache, die der Junge aus seinem Versteck hervor anschlug.
»Tolpatsch!« Der Vater reichte mir streng einen zweiten Ball.
»Wähle dir eine Figur, ziele gut, und dann erst wirf!«
Alles tanzte vor meinen Augen! Auf und nieder tauchten die Höllensträflinge. Ich nahm alle Kräfte zusammen, meinen Blick zu sammeln. Mir war, als müßte mein Kopf sogleich in Flammen aufgehen. In den Gelenken der Hand, die den Ball hielt, spielte ein süßlich giftiges Gefühl. Immer furchtbarer wurde der Rhythmus des Auf- und Niedertauchens. Da! – Eine Gestalt löste sich aus den andern, wurde deutlicher, die Grimasse fletschte mir eindringlich entgegen, ein ewig verschlossener Mund schien mir zurufen zu wollen: »Ich! Ich!« Es war der Offizier in Phantasieuniform.
Ich sah ihn – ich sah ihn! – Die Pferdezähne meines Vaters waren entblößt, *seine* Schnurrbartspitzen starrten, an *seinen* Epauletten blitzten die Messingknöpfe.
Ich beugte mich weit über das Brett und warf, einen kurzen Schrei ausstoßend, den Ball – der aber ganz nah von mir in irgendeine sinnlose Ecke fuhr.
Jetzt lachte der Knabe im Hintergrund laut und höhnisch auf.
Der Vater trat dicht an mich und zischte mir ins Ohr: »Rindvieh! Du blamierst mich! Jetzt wirf und triff, sonst – – –!«
Ich fühlte einen neuen Ball in der Hand.
Dort! Auf und nieder raste der Legionsoffizier. Von Mal zu Mal immer klarer offenbarte er sich. Wo stand mein Vater? Nicht *neben* mir!
Dort stand er! Dort...!

Er blies Rauch durch die Nase, so wenig ermüdete ihn die furchtbare Bewegung. Ohne Falte blaute sein Waffenrock.
»Korporal! Korporal!« rief er –
Gott! Gott!
Ich will es tun!
Er selbst befiehlt es mir ja!
Er selbst – er selbst – – –
Ich spannte alle Muskeln an, und, indem ich wild aufschrie, schleuderte ich den Ball mit solcher Kraft, daß es mich umriß und ich zu Boden stürzte.– – –
Sogleich erwachte ich aus meiner kurzen Bewußtlosigkeit. Menschen standen um mich, die auf mich einredeten.
Abseits erblickte ich den Vater, ohne Hut, ein blutiges Taschentuch an die Nase pressend.
In einem entsetzlichen Augenblick erkannte ich alles. Ich hatte nicht jenen Offizier, ich hatte meinen Vater getroffen!! Ich sah das Blut, das aus seiner Nase stürzte. Ein ungeheures Weh überspülte mich. Dieses Weh wuchs und wuchs. Das Herz vermochte es nicht mehr zu tragen. Mein letzter Blick traf das merkwürdig starrende und neugierige Gesicht des Budenbesitzerjungens, der sich über mich beugte.
Dann versank ich in eine Ohnmacht der Träume und Fieberschreie, aus der ich erst drei Monate später zum Leben erwachen durfte. Diese drei Monate aber waren eine einzige Nacht, in der im Schein einer teuflischen Lampe verdammte Chinesen, Neger, Henker, Gehenkte, Bauern, Verbrecher riesenhaft aus Gebirgen von Schulbänken auf und nieder schwebten, gebrechliche Greise mit Fackeln in der Hand durch eine schwarze Türe davonschlichen und durch eine helle wiederkamen und steif, lang und streng der fremde Offizier, mein Vater, unbeweglich unter den bewegten Erscheinungen stand.

Zweiter Teil

Es waren dreizehn Jahre vergangen. Ich hatte meine Fähnrichszeit bei einem detachierten Bataillon an der Ostgrenze des Reiches abgedient und war nun zum Leutnant vorgerückt und in eine größere galizische Garnison versetzt worden.
Daß ich es nur gleich gestehe, mein Leben, das durch keine gute

Stunde, keine liebe Erinnerung, keine Wärme von mir und zu mir, keinen Besitz und keine Hoffnung erleuchtet war, ekelte mich so sehr an, daß ich mich oft ganz ernsthaft fragte: »Warum höre ich nicht einfach auf, zu atmen?« Ich hielt dann auch, solange es nur ging, den Atem zurück, als könnte ich so ein Ende machen. –
Die Zeit, die hinter mir lag, war schrecklich. Nächte des angestrengtesten Studiums kalter, gleichgültiger Lehrfächer, Examen über Examen; zerrüttenden Blick des Vorgesetzten ewig in der Seele; das Vaterhaus, andern ein Asyl, mir war es nur die schärfere Wiederholung des Instituts und der Kaserne gewesen. Niemals eine freie Stunde, und wenn ich mir endlich eine – unter Demütigungen, Meldungen, Bitten, Vorschriften, die Legion waren –, wenn ich mir endlich eine freie Stunde erkämpft hatte, so wußten meine zerstörten Nerven mit ihr nichts anzufangen, und ich litt unter der kleinen Freiheit noch mehr als in der Tretmühle. Nein! Ich war nicht zum Soldaten geboren! Jedes Kommandowort empfand ich wie einen Messerstich, jede Ausstellung wie eine Mißhandlung, jedes militärische Gespräch, jede dienstliche Handlung lähmt mich – so war ich viel zu elend und unglücklich, um auch nur Erbarmen mit mir selbst haben zu können. – Einsam wie keiner.
Wenn ich nur einen meiner Kameraden ansah, ergriff mich Langeweile und Gleichgültigkeit wie eine Pest, und ich brachte kein Wort heraus.
Mich an eine Frau oder an ein Mädchen heranzutrauen, dieser Mut schien mir eine Gnade zu sein, die mir nicht gegeben war. Fünfzehn Jahre Einschüchterung und Angst hatten meine Seele gebrochen, die nicht so widerstandsfähig war wie die der andern. Wenn die polnischen Gräfinnen sonntags zur Kirche fuhren, schwärmte ich sie von ferne an, die Düsterkeit meiner Träume genießend, in denen ich den Herrn *der Welt* spielte. Die jüngeren Herren unseres Offizierskorps hatten längst schon die Bekanntschaft einer oder der anderen Schloßbewohnerin gemacht, es geschah sogar, daß sie mitunter zum Diner, ja sogar zur Jagd eingeladen wurden.
Mich kannte niemand; – niemand lud mich ein.
In aller Frühe trat ich alltäglich den Dienst an. Die starke Sonne der Steppe machte mich krank und schlaff. Wir exerzierten, bildeten Schwarmlinien, hielten Gefechtsübungen ab – ich

redete und tat nur das Notwendigste, und das unvollkommen, lässig. Ich vermied jedes Kommandieren, jedes Scheltwort, jeden scharfen Ton, aber die mir zugeteilte Menschenherde, diese Sklaven, nahmen mir die Feinfühligkeit übel, und ich spürte, daß sie sich über mich lustig machten.
Ja – der Leutnant Ruzič, der Oberleutnant Cibulka, der Hauptmann Pfahlhammer, diese Kujone, die die Langgedienten anspuckten und die Rekruten während des Menagierens mit Ohrfeigen traktierten, die waren beliebt. Woher das kam, fragte ich mich oft! Doch nur zu bald lernte ich begreifen, was die körperliche Schönheit und Wohlbildung im Leben bedeuten.
Diese Offiziere waren fesche Herren. Sie trugen des Abends oder sonntags, wenn sie über den Ringplatz flanierten, ihre schlanken langen Beine in ausgezeichnet gemachten, scharfgebügelten schwarzen Hosen, ihre kleinen Lackstiefel blitzten nicht minder als die meines Vaters, ihre Waffenröcke waren sehr in die Taille gearbeitet und persönlich geschnitten. Ihre Gesichter waren blond, jung, brutal und von jener frischen Dummheit, die in der Welt so angenehm berührt.
Und ich? – Ich war klein, mager – unansehnlich. Mein Gesicht verlitten und früh gealtert. Ich mußte bei meiner Kurzsichtigkeit eine Brille tragen, denn ich war ungeschickt und hätte ein anderes Augenglas viel zu oft zerbrochen.
Einmal befahl mich der Oberst zu einem privaten Rapport.
»Herr Leutnant«, begann er scharf, »das geht nicht so weiter. Es ist vom Oberstbrigadier nun zum zweitenmal ein Dienstzettel gekommen, in dem er Ihre Adjustierung beanstandet. Man muß Sie ja nur ansehen, und es wird einem übel. Rasieren Sie sich besser und öfter!«
»Jeder Gefreite sieht adretter aus als Sie. Wollen Sie dem Herrn Feldmarschalleutnant (er meinte meinen Vater) Schande machen?«
»Lieber Duschek«, fuhr der Kommandant begütigend und außerdienstlich fort – »du mußt mehr auf dich halten. Geh zum Schneider! Equipier dich! Herrgott, wenn ich noch einmal so jung sein könnte!«
Solche Reden machten trotz der gehässigen Nervosität, die ich immer angesichts eines Vorgesetzten empfand, wenig Eindruck auf mich.

Unter guten Figuren – eine gute Figur zu sein, das war mein Ehrgeiz nicht. Was aber war mein Ehrgeiz?
Ich wohnte in der Wirtschaft einer Frau Koppelmann, über deren Höhleneingang auf einer Tafel das viel verheißende Wort »Restauracya« geschrieben stand. Ich vermied es am Abend, den Gelagen in der Offiziersmesse beizuwohnen. Nach dem Dienst um fünf Uhr setzte ich mich in die »Herrenstube« der Frau Koppelmann. Selbst hier, unter hustenden und spuckenden polnischen Fuhrleuten, unter den die Heiligen beschwörenden ruthenischen Bauern, unter schreienden und haarraufenden Juden, fühlte ich mich glücklicher als unter den Kameraden. Bei dem grünen Pfefferminzschnaps der Wirtin starrte ich, der Herr Offizier, um dessen Tisch die Bauern und Juden mit »ai« und »oi« und tausend Bücklingen dienerten – ja, ich starrte in erregter Beobachtung auf diese freien vielbewegten Gestalten und fühlte mit einem gewissen Triumph in der Seele: Hierher, zu diesen da gehörst du! Um sieben Uhr leerte sich die Stube, und ich blieb allein mit den surrenden Völkern der galizischen Fliegenplage. –
Das kleine schmutzige Fenster bräunte sich in der Abendröte. Draußen schnatterten die Gänse, und die Schritte der barfüßigen Bäuerinnen patschten in dem ewigen Sumpf der Straße. Nun kam meine Stunde. Ich setzte mich an das zerbrochene Klavier der Frau Koppelmann, und siehe, es waren dennoch Töne, dennoch Akkorde, Verzückungen der schwingenden Luft, die meine Hand griff. Wenn nichts meine renitente Gleichgültigkeit lösen konnte, jetzt stürzten nie gefundene Tränen aus meinen Augen, Boten und Herolde einer Heimat, die ich nicht kannte, meine Seele dehnte sich, als empfänge sie Liebe und Mütterlichkeit. Der Zustand steigerte sich fast zur Epilepsie, denn die verhemmte Leidenschaft pochte an alle Tore meiner Verschlossenheit. Damals wußte ich noch nicht, daß mein natürlicher Beruf die Musik sei!
Wie hätte ich das auch wissen sollen, ich, der Sprößling einer ärarischen Familie, Sohn eines Generals, Enkel eines Oberstleutnants, Urenkel eines Stabsprofossen, ich, dem die Scheu vor Anmut und Geist schon seit dem sechsten Lebensjahr eingeprügelt worden war.
Mit meinem Vater wechselte ich jedes halbe Jahr einen Brief. Meine Mutter war schon lange gestorben. Ihr dumpfes und

kleines Licht, vor der Zeit war es zugrunde gegangen. In ihren letzten Jahren soll sie recht seltsam gewesen sein. Sie wurde von zwei krankhaften Trieben beherrscht. Der eine war ein Reinlichkeitstrieb ohnegleichen. Sie schmierte und putzte die Türklinken bis tief in die Nacht, sie wusch die Fenster zwei- und dreimal des Tages, sie lag immer auf dem Boden und scheuerte die Dielen, die vom vorigen Tage noch blank waren. Immer spähte sie nach Flecken und Schmutzspuren, auf die sie sich stürzen konnte. Ihre zweite Krankheit war eine Art Beichtfieber. Sie ging täglich in drei Kirchen zur Beichte und wird gewiß schreckliche Sünden erfunden haben, die Arme, um ja ihr Leben nur mit etwas auszufüllen.

Oft dachte ich an jene Nacht, wo meine Mutter mit offenem Haar, die Kerze in der Hand, wie aus schwerem Schlaf erwacht, weinend an mein Bett getreten war und mich leidenschaftlich umarmt hatte. Damals, und niemals mehr, ist sie mir als Frau erschienen. Heute verzeihe ich ihr, der Unerweckten, alle Härte. Sie hat gelitten, ohne zu wissen, daß sie leidet.

Die Briefe, die ich an meinen Vater richtete, begannen mit der Anrede »Lieber Vater«, enthielten einen trockenen Abriß über Dienstverhältnisse, Veränderungen, Avancements, taktische Aufgaben, die mir gestellt worden waren, und schlossen mit der Floskel: »Verehrungsvoll grüßt Dich Dein dankbarer Sohn Karl.«

Diese Briefe zu schreiben war eine Qual, die mir regelmäßig Kopfschmerzen machte. Hingegen mochte es geschehen, daß, wenn ein Brief meines Vaters fällig war, ich in Unruhe und erwartungsvolle Aufregung geraten konnte; kam dann dieser Brief, so wirkte er wie ein kalter Guß. Auch er brachte nur trockene Daten, aber aus seinem Ton spürte ich eine ärgerliche Mißachtung. Alles, was der Vater schrieb, jede harmlose Aussage, klang wie ein Befehl. Die Briefe waren in die Schreibmaschine diktiert und trugen nur die eigenhändige Unterschrift:

»Dein Vater Karl Duschek, Edler von Sporentritt, Feldmarschalleutnant.«

Der frühere Frontoffizier hatte eine glänzende Karriere gemacht. Die Stufenleiter des Generalstabs, spielend war sie von ihm erstiegen worden. Als Befehlshaber einer der glänzendsten Divisionen zum Frontdienst zurückgekehrt, war er neu-

erdings zum Korpskommandanten der Residenz ernannt worden.
Er gehörte zu den einflußreichsten Militärs des Reiches, hatte den starräugigen, jägerbösen Thronfolger zum Freund, ohne deshalb am greisenhaft eigensinnigen Hofe mißbeliebt zu sein, und es war ein offenes Geheimnis, daß im Kriegsfalle ihm die Führung einer Armee zuteil werden würde.
Von allen Seiten hörte ich, daß die Stellung meines Vaters die beste Prognose meiner eigenen Laufbahn sei und daß ich ein Schlemihl und Schwachkopf sein müßte, wenn ich nicht vorwärts käme.
Schon sieben Jahre hatte ich den General nicht von Angesicht zu Angesicht gesehen – doch dafür verging keine Nacht, in der ich ihn nicht (allerdings war er da fast immer nur Hauptmann) in meinen qualvollen Träumen sah. Ein Traum kehrte oft wieder.
Es ist Krieg. Ich liege schwer verwundet mit aufgerissener Bluse auf der Erde. Mein Blut dringt langsam durch den dicken Stoff. Die Generalität ist um mich versammelt. Grüne Federbüsche wehen. Da tritt ein knieweicher Greis in purpurroten Hosen und schneeweißem Galarock, eine goldstrotzende Feldbinde um die Hüfte, auf mich zu und heftet mir ein großes weißes Kreuz (Maria Theresienorden) an die Brust. Auch mein Vater kommt auf mich zu. Er trägt die Uniform eines Feldwebels und raucht eine Pfeife. Kaum sieht er mich, so wird er blaß, schwankend, durchsichtig und fällt auf den Rücken. Er liegt nun da, und ich erhebe mich. Furchtbare Wonne durchströmt mich. Versöhnung! Versöhnung! Von diesem Begriff bin ich ganz durchtönt. Ganz allein sind wir nun.
Klein und gelb in einer Mulde liegt er hingestreckt. Von Schluchzen durchschüttelt reiche ich ihm die Hand.
Donnerschlag! Weltuntergang!
Wir beide schweben im formlosen, grauen Raum. Stimmen zirpen von allen Seiten:

> Vater, Sohn und Geist.
> Geist, Sohn und Vater.

Dies ist noch der gelindeste meiner Träume. Dennoch ist mir der Tag, der ihm folgt, ein rasselndes Gespenst.
Der Vater, der inzwischen eine zweite Frau, eine sehr begüterte

Dame der hohen Aristokratie geheiratet hatte, schickte mir keine Zulage zu meiner Leutnantsgage. So lebte ich schlechter als die andern Herren unseres Regiments, dessen Offizierkorps nicht zu den armseligen Kommißschluckern der übrigen Infanterie gehörte und an Geltung den Artilleristen gleichkam. Nur zu meinem Geburtstag erhielt ich ein väterliches Geschenk, eine Hunderternote, auf den Tag, ohne Glückwunsch und Brief, mit Postanweisung zugestellt. Dagegen schrieb ich zum Geburtstag des Vaters einen Brief, der mit jener Phrase anfing, die mich die Mutter gelehrt hatte, wenn ich auf einen großen, glänzenden Bogen, dessen Kopf einen gemalten Alpenblumenstrauß zeigte, meinen Glückwunsch schreiben mußte:
»Lieber Vater, zu Deinem Wiegenfeste...«
So begann die lange, stereotype Formel!
Da geschah es, daß ich in eine höchst peinliche Geschichte hineingezogen wurde. Ich hatte, schwach und leicht zu überreden, wie ich bin, für die Ehrenschuld eines mir im übrigen recht widerlichen Kameraden gebürgt. Der Mann, ein Intrigant und Feigling, hatte sich vor der Zeit aus dem Staube gemacht und in kurzer Frist zu verschiedenen Truppenkörpern versetzen lassen. Der Zahltag kam, ich stand mittellos und ohne Freund, der mir hätte beistehen können, da. Die Verwicklungen mehrten sich. Es stellte sich heraus, daß bei einem reichen polnischen Zivilisten Bank gehalten wurde, an welche die Kavalleristen der Garnison fabelhafte Summen verspielt hatten, und die jungen Herren unseres Regiments nach ihrem Vermögen bestrebt gewesen waren, ihnen nachzueifern. Falschspielerei, Dokumentenfälschung, gebrochene Ehrenwörter kamen nach und nach ans Tageslicht. – Zu alledem war die vierzehnjährige Tochter eines Gutsbesitzers geschwängert worden und, ohne zu gestehen, wer der Verführer gewesen, im Kindbett gestorben. Der Hauptverdacht in diesem Rattenschwanz von Schmutzereien fiel auf mich – auf mich, der ich weder eine Karte noch ein Weib je berührt hatte.
Denn ich bin zum Sündenbock wie geschaffen.
Systematisch zerstörten Selbstbewußtseins war ich gesonnen, wenn in der Gegend irgendein Mord begangen worden war, mich selbst für den Mörder zu halten. Ich identifizierte mich mit jedem Angeklagten, dessen Verhandlung ich im Gerichtssaalsbericht las. Auf meiner Seele lastete die Überzeugung

meiner Mitschuld an jedem Verbrechen. Bei allen Verhören, und mochte es sich auch nur um einen entwendeten Federstiel in der Kadettenschule handeln, war ich verstockt, und eine unüberwindliche Selbstzerstörungslust in mir zog wie ein Blitzableiter den Verdacht an. – So war es auch in den Verhören, die der Oberst und seine Kommission mit mir pflogen. Ich war verstockt und bösartig, besonders dann, wenn die Vorgesetzten mir gütig zuredeten, obgleich in solchen Augenblicken mein Gemüt in heiße Tränen sich auflöste. Gänzlich unschuldig, ja gar nicht fähig, den Fall zu übersehen und zu verstehen, erfand ich in krankhaftem Zwang Lügen, phantasierte von Beziehungen, die ich niemals gehabt hatte, und spann so mit eigenen Händen ein irrsinniges Netz, in dem ich endlich ganz bedenklich zappelte.

Man schüttelte bedeutsam die Köpfe, man nahm die Gelegenheit der Rache an einem häßlichen Sonderling wahr – diejenigen, die am meisten Butter am Kopf hatten, begannen mich zu schneiden, ja im Grunde waren alle zufrieden, den Sohn eines in Fachkreisen und in der Gesellschaft berühmten Generals als Hauptperson in einer üblen Angelegenheit agieren zu sehen, denn das bedeutete einen doppelten Vorteil: Erstens war die Ehre des Regiments weniger in Gefahr – und zweitens gönnt man einem Erfolgreichen stets Beschämung.

Es kam immer ärger. Protokolle häuften sich, der Urheber des Schmutzes, jener Leutnant, der sich hatte versetzen lassen, war verschwunden und trotz aller dienstlichen Anfragen unauffindbar – ich selbst in meinen eigenen tollen Widersprüchen gefangen, war nicht mehr in der Lage, die einzige vernünftige Wahrheit zu sagen: Ich weiß von nichts! Meine Situation wurde immer schiefer. Man schnitt Grimassen, zuckte die Achseln, und schon wurde die Ansicht laut, daß ein ehrenrätliches Verfahren nicht genüge, einen kriminellen Fall auszutragen.

Da brachte eines Tages der Postunteroffizier drei Briefe. Einer davon wanderte in die Kanzlei des Kommandanten. Das große weiße Dienstkuvert trug die Absenderadresse: Militärkanzlei Seiner Majestät!

Die beiden anderen Briefe waren an mich gerichtet. Der eine kam von meinem Vater, der andere von seinem Adjutanten. Der Brief des Vaters enthielt keine Anrede und lautete so:

»Ich werde es nicht dulden, daß ein Name, der Generationen hindurch der k. und k. Armee zur Ehre gereicht hat, durch Dich in Verruf gebracht wird. Die Militärkanzlei Seiner Majestät hat die Akten und Protokolle über das unverantwortliche Treiben, dessen Hauptschuldiger Du bist, eingefordert und wird selbst die Entscheidung treffen.
Du hast sofort abzugehen, hierorts einzurücken und innerhalb von achtundvierzig Stunden Dich bei mir zu melden.
Duschek von Sporentritt, Fmlt.«

Der Brief des Adjutanten enthielt diesen persönlichen Befehl in dienstlicher Fassung. –
Jetzt erst, nachdem mein Vater mir Unrecht getan hatte, empfand ich die ganze lächerliche Tragik, der ich unschuldig verfallen war. Ich ging nach Hause, und in dem Loch der Frau Koppelmann, das ich bewohnte, befiel mich ein stundenlanges Zittern, so daß ich das Teegeschirr, meinen Wasserkrug und den Handspiegel zerbrach, aus dem mich mein leichenhaft spitzes Gesicht mit den übertriebenen Backenknochen angeblickt hatte.
Ich lag die ganze Nacht auf dem unsagbar dreckigen Fußboden ausgestreckt. Ungeziefer kroch langsam über meine Stirne, eine große Ratte, schwer wie eine trächtige Katze, lief über meinen Bauch. Ekel ließ mich den Tod ersehnen. Aber ich stand nicht auf. So war es recht. In den Abgrund gehörte ich. In die Schlangenhöhlen, in die Nester der Ratten, in die sumpfigen, stinkigen Schlupfwinkel der verfluchten Geschöpfe.
Gegen Morgen sah ich meinen Vater im Traum. Er trug jenen windigen Zivilanzug, in dem er wie ein Postassistent aussah, und hatte starkes Nasenbluten, das er durch ein vorgehaltenes Taschentuch zu stillen suchte. »Du meinst immer?« sagte er mit einer recht umgänglichen Stimme, die nicht die seine war. »Du meinst, daß ich an nichts anderes denke, als dich zu züchtigen. Weit gefehlt! Ich habe mehr Gnade – als Züchtigung an dir geübt. Schau nur!«
Er hielt mir ein paar Handfesseln entgegen, pfiff sich eins, wie ein Arzt, der zu spät zu einem Kranken geholt wird und sieht, daß nicht mehr zu helfen ist. Dann rief er noch, während sein Bild schon zu schwanken begann:
»Habt acht, Korporal! Was sich liebt, das neckt sich!«

Er verschwand, und ich begann im Gänsemarsch hinter trauertragenden Zivilisten einherzugehen, deren gerötete Stiernakken von Ausschlag und Furunkeln entstellt waren.
Plötzlich bemerkte ich, daß ich mich nicht selbst bewegte, sondern gedreht wurde, immer schneller – und – da erwachte ich.
Mittags meldete ich dem Oberst mein Abgehen vom Regiment. Er schüttelte mir um einen Grad zu kameradschaftlich die Hand, wünschte mir Glück und versicherte, er sei überzeugt, daß die unangenehme Affäre sich zu allgemeiner Zufriedenheit aufklären werde, zumal die allerhöchste Stelle ein unbezweifelbares Interesse an den Tag lege. Er selbst zweifle keinen Augenblick daran, daß der Sohn seiner Exzellenz des Herrn Feldmarschalleutnants Duschek von Sporentritt nicht anders als rechtlich handeln könne.
Als ich dem Oberleutnant Cibulka die Hand zum Abschied reichen wollte und in seinem Gesicht eine hochmütige Verlegenheit bemerkte, unterließ ich es, meinen anderen Kameraden Adieu zu sagen. Was gingen mich diese näselnden Dummköpfe an?
Am Abend war mir schon viel leichter zumute. Ich fühlte sogar ein Prickeln, wenn ich an die Residenz dachte, die ich nur als Kind besucht hatte. Erst als ich im Zuge saß, ergriff mich Unruhe. Denn ich sah ja nach langem das erstemal und unter wie peinlichen Umständen dem Wiedersehen mit meinem Vater entgegen.

Am frühen Morgen kam ich in der Residenz an. Wie groß war selbst zu dieser Stunde das Leben hier! Der Asphaltboden zitterte in feinem Ausschlag wie das Deck eines Dampfers, wenn die Maschinen ihre Arbeit aufnehmen.
Lastwagen, Straßenbahnen, Automobile! Menschen mit scharfen, unbeugsamen Gesichtern, die nicht gesonnen waren, sich beschimpfen zu lassen; sie alle, Arbeiter, Marktweiber, Kommis, Ladenmädels, Kaufleute, Studenten, sie gingen, ohne rechts und links zu schauen, zielbewußt ihres Wegs. Soldaten sah ich fast keine, und das machte mir die meiste Freude. All diese fünf Jahre war ich an keinem Ort gewesen, wo ich nicht ununterbrochen hätte spähen müssen, ob mir nicht salutiert würde oder ob ich nicht salutieren müsse.

Hier war ich nichts, drum war ich wer! Und hier war ein anderer auch nichts, drum war ich doppelt wer! – Mit Trotz und Trumpf fühlte ich das und mußte plötzlich stehenbleiben – denn vor langen, langen Jahren – ich wußte nicht wann und nicht wie – hatte ich diese Empfindung schon erlebt.

Ich bezog in einem sehr wenig standesgemäßen Gasthof eines äußeren Bezirks Quartier.

Der Portier sah mich zuerst sehr erstaunt an und war nachher überaus katzenfreundlich.

Ich wusch, rasierte und kleidete mich streng nach der Dienstvorschrift, denn ich kannte meinen Vater. Er stellte jeden jungen Offizier, dessen Kappe nicht die vorgeschriebene Höhe hatte und dessen Adjustierung nicht genau den Satzungen des Dienstbuchs X entsprach.

Dann begab ich mich, ärgerlich, daß ich das feige, zaghafte Gefühl in mir nicht zu überwinden vermochte, zum Korpskommando.

In einem Vorzimmer fragte ich nach dem General. »Seine Exzellenz sind noch nicht hier«, hieß es.

Ich wartete eine Stunde.

Offiziere schlugen krachend die Türen zu, schimpften mit den Ordonnanzen, ihr Reden war immer laut und überdeutlich, als stünden sie vor einer Front. Feldwebel eilten beflissen mit Akten und Dienststücken hin und her, sie blieben, wenn sie etwas meldeten, in großem Abstand vor dem Offizier stehen, auf ihrem Gesicht zeigte sich Todesfurcht, Eifer und Zerknirschung.

Ich wartete noch eine Stunde. Meine Aufregung war kaum mehr zu bemeistern.

Dann wandte ich mich an den diensthabenden Rittmeister und nannte meinen Namen.

»Ah, das freut mich wirklich.«

Er war zuvorkommend, höflich und rückte mir sogar einen Stuhl zurecht.

»Bitte nimm nur Platz! Exzellenz muß gleich kommen. Er ist bloß ins Ministerium gefahren. Wie gesagt, er wird gleich hier sein. Aber jetzt – du siehst, wie ich zerrissen werde – mußt du mich entschuldigen!«

Er eilte einem höheren Offizier entgegen, mit dem er in einer Türe verschwand.

Ich zog es vor, auf dem Gang zu bleiben, der wilder als eine Straße von hundert Schritten hallte. Plötzlich verstummte alles, das ganze Getriebe blieb wie angewurzelt stehen, Hände fuhren an die Hosennaht, Hacken klappten aneinander, Köpfe erstarrten in scharfer Wendung.
Es klirrte die Stiege hinauf, das Schweigen durchbrach ein mit erhobenen Stimmen geführtes Gespräch.
Von zwei Stabsoffizieren flankiert, die angestrengt und ergeben ihr Ohr neigten, schritt ein General mit fabelhaft spiegelnden Lackreitstiefeln, breiten rotstreifigen Breeches und hellblaugoldknöpfigem Waffenrock über den Gang.
Er nahm von keinem der regungslos Versteinerten Notiz, schritt auch an mir vorbei, ohne den Allzunichtiges nicht beachtenden Blick von meiner Gestalt abzuwenden. Ich stand, ebenso wie die anderen, mit herausgedrückter Brust und zurückgeworfenen Schultern da.
Der General hatte die graue Kappe des hohen Militärs abgenommen. Sein Haar war weiß, sein kurzgestutzter Schnurrbart schwarz gefärbt.
Ich erwischte ein Stück des Gesprächs:
»Das fällt nicht in mein Ressort. Der Akt muß an die Statthalterei weitergeleitet werden...«
Die Stimme kannte ich nur zu gut. Aber dieses Gesicht?
Es war seinen Weg gegangen.
Ich lehnte mich – meine Stirne war kalt und feucht – müde an die Wand.
Wie ist das möglich?
Dieser Fremde dort hatte durch einen warmen Tropfen seines Leibes mich erzeugt. Ich also war ein Tropfen, ein Teil seiner Natur. Ich war er selbst – ich – dieser fremde General, der an mir vorbeigeht, an mir, den er als einen Tropfen einst verspritzt hatte!
»O schauerliches Geheimnis! –«
Der Rittmeister kam und führte mich in das Wartezimmer des Kommandanten:
»Exzellenz sind noch beschäftigt, einige Herren sind bei ihm. Du mußt noch warten, bis das Referat vorbei ist.«
Ich ließ mich auf einen Sessel, der gepolsterten Türe gegenüber, nieder. Noch einige Menschen warteten: ein eisgrauer Major, ein Staatsbeamter und eine ältere Dame.

Unvermittelt fiel mir eine Szene ein, deren Zeuge ich auf einem Bahnhof während meiner Reise gewesen war. Ein junger Mann, der mit gerötetem Gesicht ungeduldig, seine beiden Koffer in der Hand, am Fenster des Waggongangs gestanden war, bekam in dem Augenblick, da der Zug hielt, Tränen in die Augen, sprang wie rasend das Trittbrett hinab und fiel einem alten Herrn in die Arme, der in nicht geringerer Bewegung ihn immer wieder ansah und immer wieder streichelte, ansah und streichelte. Das spielte sich zu windiger Nachtzeit ab – im wirren Schein der Lichter einer kleinen Station.
Ich allein war verstoßen!
Gut! Ich wollte von niemandem etwas. Ich brauchte niemanden. Aber auch hier sitzen und warten wollte ich nicht, ewig ängstlich, ewig Sklave einer bindenden und lösenden Macht, ewig vor der Türe jener Bataillonskanzlei, wo ich meine Schulaufgaben vorweisen mußte.
Die Polstertüre öffnete sich. Der General begleitete einen sehr vornehmen Zivilisten zum Ausgang. Der uralte Major stand zitternd stramm.
Ohne die Anwesenden und mich auch nur eines Blickes zu würdigen, kehrte mein Vater wieder in sein Arbeitszimmer zurück.
Ich wartete und wartete.
Erbitterung, die Sehnsucht, nach so langer Zeit wieder gut zu wirken, Unsicherheit eines Angeklagten, kurz hundert widersprechende Gefühle peinigten mich und machten mich krank.
Endlich waren alle anderen abgefertigt. Der Rittmeister winkte mir.
»Bitte!«
Ich trat in den großen, plüschig aufgedonnerten Arbeitsraum. Mein Vater saß am Schreibtisch und schrieb.
Bebend verharrte ich sehr fernab in Habtachtstellung.
Der Vater beachtete mich nicht und schrieb.
Ich räusperte mich nicht.
Mein Vater reichte dem Adjutanten ein unterfertigtes Dienststück.
Der Rittmeister entfernte sich, der General sah eine halbe Minute zum Fenster hinaus – dann erhob er sich und trat mir – o, schon ein wenig steifbeinig – entgegen.

Im Abstand der vorgeschriebenen Ehrfurcht blieb er stehn. Sein Gesicht war nicht mehr blaß, grünlichgelb von dem verbissenen Ehrgeiz des Vierzigjährigen wie früher, sondern zeigte schon die lilaroten Wangen eines Herrn, der in den Gesellschaften zu Hause ist, wo nur die besten Weine serviert werden. Starr und ohne Interesse sah er mich an. Ich fuhr in der üblichen vorschriftsmäßigen Weise zusammen und schrie:
»Exzellenz, ich melde mich gehorsamst zur Stelle.«
»Danke ... bitte kommod zu stehen!«
Dann reichte er mir drei Fingerspitzen seiner Hand und meinte: »Da bist du also!«
Er trat zum Schreibtisch und wühlte ein Staatstelegramm hervor:
»In deiner Angelegenheit hat sich zu deinem Glück herausgestellt, daß du der Schuldige nicht bist! Jetzt eben ist das Telegramm des Kommandanten eingetroffen.
Wie dem auch sei, ein Offizier von Ehre vermeidet es, seinen Namen in eine Sache zu mischen, die unreinlich ist. Da gibt es fast nicht mehr Schuld und Unschuld. Ich habe alles getan, *meinen* Namen in dieser Geschichte vor einer ehrenrätlichen Untersuchung zu schützen.«
»Ich habe für die Spielschuld eines Kameraden gebürgt.«
»Dummheit! Deine alten Laster habe ich nur zu gut erkannt. Renitenz, Indolenz und Schlaffheit.«
»Ich habe geglaubt ...«
»Ein Soldat hat nicht zu glauben!«
Ich wollte etwas erwidern. Der General verwarf es mit einer Handbewegung. Wut und Ohnmacht würgten mich.
Er trat dicht an mich heran und musterte mich erregt.
»Du siehst nicht vorteilhaft aus«, sagte er. »Man könnte dich für einen richtigen Doktor, für einen Reserveoffizier oder Sanitäter halten, für so einen – der über Thermometer oder Brunzflaschen gebietet. –
Sieh dir die jungen Leute hier an, wie sie schneidig sind, und lern etwas von ihnen!«
»Ich habe nicht die Mittel, mich gut auszurüsten!«
»Ich habe die Mittel auch nicht gehabt, und wie habe ich ausgesehen!«
Der Vater warf seine Zigarette weg und blies den Rauch durch die Nase.

»Vergiß nicht, daß du nicht für dich allein stehst, sondern auch für *meinen* Namen, den du trägst, verantwortlich bist. Ich habe meine Pflichten dir gegenüber erfüllt. Jetzt kommt die Reihe an dich, mir gegenüber deine Pflicht zu erfüllen.«

»Deine Pflicht hast du nicht erfüllt!« O, ich wollte es ihm ins Gesicht schreien. Feig aber blieb mir das Wort im Halse stecken.

Der General ging auf und ab.

»Ich tue das Menschenmöglichste für dich ... Deine Konduite ist schlecht. Sie gibt dir keine Aussichten, im Frontdienst etwas zu erreichen. – Deine Vorgesetzten aber halten dich für intelligent. Ich richte mich danach und habe dich für die Kriegsschule anmelden lassen.

Du kannst morgen schon im Kurs erscheinen. Glücklich schätzen sollst du dich!«

Erschöpft und gerührt von einem solchen Aufwand an Fürsorge ließ er sich nieder. Er fragte: »Wo wohnst du?« Doch ehe ich noch Antwort geben konnte, schnitt er ab: »Das ist ja gleichgültig.«

Meine Nerven ließen nach wie die Saiten einer Geige.

»Du siehst, ein General auf meinem Posten ist äußerst in Anspruch genommen. Ich hoffe, dich aber am Abend bei mir zu begrüßen. Du kannst mit uns soupieren. Bei dieser Gelegenheit (hier wurde er unsicher, welchen Ausdruck er wählen solle) wirst du – deine – meine Gattin kennenlernen. Wir haben uns lange nicht gesehen. Warum bist du eigentlich nie auf Urlaub gekommen? Nun, ist schon gut! Also! Servus dieweil bis zum Abend. Danke!« Er hob das Telephon ab, sah zur Seite, und ich war entlassen.

Ich ging, Schritt für Schritt, bewußtlos, quer über die Straße. Plötzlich erfaßte mich ein Irrsinnsanfall.

»Ich würge ihn!

Ich würge ihn!

Ich würge ihn!«

Ich drosselte mit meinen Händen wollüstig einen kalten Hals. Es war eine Laterne. Ein Gigerl lachte, ein Arbeiter sah mir kopfschüttelnd nach.

»Der Herr Leutnant!« mochte er denken.

»Freimachen! Freimachen!« flüsterte ich immer wieder vor mich hin.

Was hatte ich mit diesem fremden Greis zu schaffen, der seine Pflicht erfüllt hat. Was habe ich mit dem Militär zu schaffen! Ich habe nichts gelernt. Oh! Dennoch! Lieber verhungern! Herunter mit diesen grünen Fetzen! Herunter mit diesen bunten Aufschlägen und silbernen Sternen!
Tschindara! Eine Regimentsmusik zog vorbei. An der Spitze tänzelte das Pferd eines dicken Hauptmanns.
Stramm salutierte ich.
Ich ging weiter. Sehnsucht erfaßte mich nach dem Vater meiner Kindheit, nach dem Plagegeist meiner Knabenjahre.
Ich sah das gelbe, schneidige Gesicht mit dem aufgezwirbelten Schnurrbart. Aber er war doch nahe gewesen, so nahe! Und ich hatte es gefürchtet, aber so, wie man Gott fürchtet.
Werde ich je loskommen? Ist das Wahnsinn?
Ich beschloß, am Abend zu Hause zu bleiben. Es ist ja gleichgültig, wo ich wohnte. Ich gedachte meiner Mutter. Sie hatte mir manchmal die Haare gewaschen.

Am Abend, pünktlich, erschien ich dennoch in der Wohnung des Generals. Es war das Haus eines reichen Mannes, fast ein Palais. Vornehme Kandelaber brannten auf der läuferbelegten Treppe. Eine Ordonnanz, die großen Bauernhände in Zwirnhandschuhen, geleitete mich in ein Zimmer, wo ich eine halbe Stunde warten mußte.
Der General erschien in einer rotseidenen pelzverbrämten und reichverschnürten Haus-Litewka, seine wohlangepreßten weißen Haare dufteten, auf seinen Fingern waren Ringe lebendig, doch sein Blick und sein Gehaben schienen nicht weichlicher geworden zu sein, nur zurechtgeglättet und gehauter.
Einen Augenblick wich meine Abscheu der Wehmut. Noch immer war die böse Kindheit ein großes Tor, durch das ich allabendlich heimkehrte.
»Bitte! Wir gehen zu meiner Frau«, sagte der Vater, der in strenger Erfüllung seiner Karriere jetzt auch schon den leicht ungarischen Akzent angenommen hatte, wie er zugleich das aristokratische Reiterblut und den überlegenen strategischen Kopf kennzeichnet.
In einem der Zimmer kniete eine lange, eckige Person vor dem Marienbild. Sie erhob sich rasch und zeigte platte Formen und in aufgebauter Frisur hochblond gefärbtes Haar.

»Dies hier ist Karl, Fürstin«, stellte mich der General meiner neuen Mutter vor. Ein süßliches Lächeln, Goldzähne bleckten mich an, und ein Hals zeigte, trotz Perlenschnur und Diamantkreuz, seine gelben Falten.
Mit Pomp trat die Frau auf mich zu und erwiderte meinen sehr gemessenen Handkuß mit einem verwandschaftlichen Kreuz, das sie mir flüchtig über die Stirne schlug.
»Gott segne Sie, Karl Johann«, begann sie, indem sie versuchte, die Begrüßung zu einer Szene aufzubauschen, »es war nicht recht von Ihnen, daß Sie uns erst jetzt die Gelegenheit geben, einander kennenzulernen.«
Sie wartete auf ein Wort von mir. Ich schwieg kalt und verstockt. Die Krähenfüße in den Augenwinkeln der Generalin verschärften sich. Ihre Falten wurden noch falscher als vorhin. Sie schlug einen neuen Kurs ein.
»Ihr habt mich überrascht!« sagte sie voll Geheimnis. »Ich habe mir nämlich eben von der Muttergottes was Schönes ausgebeten!«
»Was denn, Natalie?« fragte der General, der seiner Frau gegenüber einen kleinlauten Eindruck machte.
»Aber du weißt doch, Charlie, der gestrige Kurssturz...«
Sie wandte sich zu mir.
»Es handelt sich um die Aktien der Zeitung – ›Die christliche Welt‹. – Das Unternehmen ist in Gefahr, und es wäre für unsere Kreise geradezu ein Unglück, wenn diese Zeitung einginge!«
Ich verneigte mich stumm.
Der Vater zeigte seine langen Zähne. Immer jagte mir sein Lachen Angst ein:
»Die Politik ist nichts für Soldaten, dagegen um so mehr für die Frauen.«
Später einmal erzählte mir jemand, daß die gewesene Fürstin einen Teil ihres Vermögens in Aktien der klerikalen Papierfabrik angelegt hatte.
Wir gingen zu Tische. Es gab ein mageres Essen, das allerdings von einem backenbärtigen Diener aufgetragen wurde.
Das also war mein Vaterhaus!
Ich saß fremd und betreten da, wie eine bezahlte Kreatur, ein Sekretär oder Sprachenlehrer, bestenfalls wie ein dürftiger Verwandter. – Das war mein Vaterhaus!

Ich legte von den Speisen kaum zwei Bissen auf meinen Teller, und die Frau meines Vaters schien darüber nicht unerfreut zu sein.
Später kam ein jüngerer sehr geleckter Abbé und rieb ewig rot gefrorene Hände.
Mein Vater war sehr aufmerksam gegen ihn und holte eigenhändig eine besondere Flasche hervor.
Die Generalin, im Ton einer konversierenden Hoheit, sprach von Musik.
»Ich habe gehört, daß Sie so musikalisch sind, Karl!«
»Jawohl«, meinte der Vater recht jovial, »er hat mich einmal, als kleiner Bub, über eine Oper belehrt.«
– Freischütz – wußte ich sogleich und erkannte: »Keine Erniedrigung, keine Niederlage verschwindet aus einem Herzen. Wir alle sind verlorene Vorposten; von allen Seiten beschossen zittern wir hinter baufälligen Deckungen. Auch er! Er hat meinen kleinen Triumph nicht vergessen.«
»Ich adoriere die Musik«, gestand die Generalin, »Mozart, Haydn und vor allem Liszt! Vor allem Liszt! Das war ein Mann! Mein Gott! Und dabei so fromm! Meine Mama war sehr intim mit ihm und der Wittgenstein.«
Der Geistliche schickte sich an, schmalmäulig eine Predigt über Politik zu halten.
Die Zeiten wären schlecht, klagte er, ein böses Ende drohe, wenn nicht in letzter Sekunde noch eine gepanzerte Faust dazwischenführe. Das Übel der Welt aber sei die Freimaurerei, die in ihrer neuen Form Sozialismus heißt. Beide Weltanschauungen seien aber nichts anderes als wohlausgeklügelte, tiefdurchdachte Taktiken der Juden, die allesamt nur von zwei Beweggründen beherrscht würden: die Weltmacht, die sie im Geheimen schon besäßen, öffentlich an sich zu reißen und Christus wieder zu kreuzigen!
»Mit dem letzteren aber ist es so bestellt! Die Juden sind die ewigen Feinde des Heilands. Ihr Volkstum ist mehr als eine physische und geistige Gleichartigkeit, es ist ein Geheimbund der Rache an dem Erlöser. Den irdischen Leib Christi haben sie zur Zeit des Kaisers Augustus getötet, und in unseren Tagen bieten sie ihren Heerbann, die unmündigen und verführten Arbeiterscharen auf, den himmlischen Leib Christi, die Kirche zu vernichten.«

Mich ärgerten die Worte, Blicke, Gesten dieses Spitznäsigen.
Ich fragte, warum denn, wenn schon der Jude der Antichrist wäre, die Kirche seines Kults, seiner Mythologie und Geschichte nicht entraten könne, und ob denn diese Kirche nicht von Juden geschaffen worden sei und allein von ihnen, mit Ausnahme der hellenischen Einflüsse, ihre Form empfangen habe!?
Ich für meinen Teil hätte unter Juden immer die herrlichsten Menschen gefunden.
Meine Worte wirkten wie eine Kriegserklärung. Der Pfaffe verdrehte die Augen, die Generalin bekam einen asthmatischen Hustenanfall, und mein Vater, den besonders die Worte »Mythologie« und »hellenisch« ärgerten, schrie mich an: »Ein Offizier hat mit keinem Juden zu verkehren!«
Ich war gründlich abgefallen.
Das Wort »Abtreten«, von fernher schnarrte es durch meine Seele. Man schwieg.
Endlich fragte mich die Generalin, meine Stiefmutter, kalt: »Können Sie Bridge spielen?«
»Nein!«
Ich empfahl mich, während die drei sich zum Spieltisch setzten und keine Miene machten, mir mehr als ein förmliches Abschiedswort zu geben oder für ein andermal mich in mein Vaterhaus zu bitten.

Auf dem Heimweg erfüllte mich ein starkes glückliches Gefühl: »Mit diesem Menschen bin ich fertig. Vater ist er nicht mehr! Nicht mehr der Gegenstand dieser beleidigten, herabgewürdigten Knabenliebe. Zitternde Ehrfurcht und zart gekränkte Sehnsucht – vorbei für immer! Wer ist der Mann? Ein gleichgültiger Vorgesetzter, dessen baldiger Tod mich nur vergnügen sollte!«
O wie gut kalt war mir zumute. Nicht mehr wie heute mittag werde ich ihn im Sinnbild einer Straßenlaterne erwürgen. Jetzt *bin* ich frei, und jetzt werde ich mich auch freimachen von diesem Sklavenkleid. Geduld! Nur einige Monate noch!
Ich schlief sehr gut.
Am nächsten Tag schon meldete ich mich in der Kriegsschule, deren jüngster Zögling ich war, denn bloß dem Einfluß meines Vaters hatte ich es zuzuschreiben, daß ich bei meiner noch zu niedrigen Charge Aufnahme gefunden hatte.

So verging einige Zeit, in der ich mich sehr versteckt und unauffällig hielt, am Kursus auf den Plätzen der wenig Strebsamen teilnahm und den Vater weder in seinem Amt noch auch in seinem Hause aufsuchte.

Einsam, dumpf und verbissen in dieser großen Stadt.
Doch halfen mir die Millionen, mich selbst leichter zu tragen. In der Metropole nimmt jeder an moralischem Gewicht ab. Das verlorene Atom in den schwankenden Ballungen des Körpers kann ruhig schlafen. Straße dröhnt, Wirtshaus plärrt, der Nichtige ruht auf einem Meeresgrund. Er ist nicht einmal Tropfen mehr, der sich nach Auflösung sehnt. Es liegt ja nichts daran.
Wozu noch Ehrgeiz? Wozu noch Vergnügung, da doch Quintessenz aller Vergnügung das Bewußtsein ist, stark und vorteilhaft zu wirken!
Alles ist ja so gleichgültig! O Gott, warum nur?
Manchmal schritt eine Frau mit strahlend bewußten Beinen dahin. Ein Krampf ging durch mein Wesen.
Mir aber gelang nur eines – Schlaf! Ich war ein Meister des Schlafs bei Tag und Nacht.
So waren drei Monate vergangen.
Es geschah aber, daß ich in eine seltsame Gesellschaft geriet.
Ich bewohnte in meinem kleinen Hotel das Zimmer Nr. 8. Das Zimmer Nr. 9 neben mir hatte ein älterer, taubstummer Mann inne, der Herr Seebär hieß und Bücherrevisor war.
Ich hatte es mir angewöhnt, spät am Abend von weiten Spaziergängen nach Hause zu kommen, und da begegnete mir fast allmitternächtlich Herr Seebär, der von seiner Arbeit heimkehrte, auf der Treppe. Er trug zu jeder Jahreszeit einen langen schwarzen Kaiserrock von so fleckig und brüchigem Aussehen, als wäre er schon geraume Zeit als Kleidungsstück einer honorablen Leiche im Grabe gelegen und dann wieder durch einen Altkleider-Tandler in den Handel gebracht worden. Um seinen Zylinder, der von mancher Attacke unzähliger Sylvesternächte zerbeult und räudig erschien, war ein breiter Trauerflor angebracht.
Das Gesicht Seebärs zeigte eine Farbe, grauer als Asche, sein Schritt hatte die zögernde Erschöpfung der Herzkranken.
Es war öfter dazu gekommen, daß ich dem Taubstummen

durch kleine Dienste und Handreichungen hatte behilflich sein können. Nun, wenn wir uns nachts auf der Treppe trafen, reichten wir einander die Hände, und es hatte sich die Gewohnheit ausgebildet, daß Seebär in mein Zimmer trat, Platz nahm und wir uns eine halbe Stunde noch schweigend gegenübersaßen.

Manchmal holte ich einen Likör heraus, und wir tranken als einzige Unterhaltung einander ernsthaft zu.

Eines Nachts zog Seebär einen Schreibblock aus der Tasche und schrieb auf einen Zettel, den er mir reichte, mit kalligraphisch kontorgeübten Zügen diese Worte:

»Ich sehe, daß es Ihnen nicht sehr gut geht.« Ich schrieb nur ein Wort zurück:

»Ja!«

Er: »Wollen Sie glücklicher werden?«

Ich: »Ja!«

Er: »So erwarten Sie mich morgen schon um elf Uhr nachts.«

Ich: »Einverstanden!«

Tatsächlich! Wir saßen die nächste Nacht um elf Uhr in einer schrecklichen Droschke.

Eine Stunde lang rumpelte das plumpe Gefährt mit uns dahin. Wir verließen die zahlreichen Lichter, gelangten unter die seltenen Lichter der Vorstädte, hatten auch die bald hinter uns, fuhren an Weinbergen entlang, gerieten wieder in eine Vorstadt, knarrten durch eine Pappelallee und landeten endlich mitten in einem großen Häuserkomplex, der bergab an dem Hang (das alte Dominikanerstift krönt die Höhe), zum großen Strom sich niedersenkt.

Wir traten durch die niedrige Türe in den Steinflur eines uralten Wirtshauses. Ein Mensch mit einer scharf abgeblendeten Diebeslaterne, von dem wir nicht mehr als einen Schatten sehen konnten, trat uns entgegen, erkannte Seebär und führte uns in einen Hof. Er löschte das Licht, milchig gleißte der Mond, des Führers Schatten wurde Mensch, und ich sah einen kleinen, dicken Chinesen mit Mandarinmütze und in Filzschuhen, der mir breit zunickte: »Welcome, we all expect you!«

Jetzt traten wir in ein geräumiges Gewölbe. An den Wänden liefen Bänke. Zwei große ungehobelte Tische erfüllten die Mitte des Raumes. Eine spärliche Petroleumlampe hing irgendwo. Welch ein Bild war das!

Mit langen Schritten (träume ich?) langsam und tiefsinnig gingen Gestalten auf und ab. Es waren alte und junge Männer in russischen Kitteln, bärtig und bartlos, mit von Entbehrung eingeschwundenen Gesichtern, von Augen überleuchtet, die denen der Engel glichen.
Manche trugen wandelnd Bücher in der Hand, worin sie studierten, eine Gruppe stand vor einer Wandtafel, die über und über mit chemischen Formeln beschrieben war.
Bei unserem Erscheinen traten die Leute zusammen, verständigten sich mit russischen Worten, und einer von ihnen, ein Alter, ging langsam auf mich zu.
Er war ein herrlicher jüdischer Priesterkopf, weißhaarig, weißbärtig, mit großen, vorgewälzt hellen Augen, einer der erhabenen lichten Häupter, wie sie von Anbeginn die Geschichte der Menschen begleitet haben.
Er sah mich sehr lange an – dann, als spräche er eine priesterliche Formel:
»Gib deine Waffe weg! Mitgeborener, Mitsterblicher!«
Ich warf den Säbel in eine Ecke.
Der Alte ergriff meine Hand.
»Willst du Bruder sein?«
»Ich will es!« hörte ich mich ausrufen, während die anderen zu uns traten. Diese reinen, fanatischen Gesichter ergriffen mein Herz mit ehrfürchtiger Freude.
»Ich will es!«
»Wir wissen«, fuhr der weißbärtige Jude fort, »daß du kein Spitzel und Kundschafter bist, wir kennen deine Herkunft und den Haß gegen diese Herkunft, wir kennen die Beschäftigung deiner Tage, wir kennen deine Spaziergänge, deine Lektüre, den Grund deiner Versetzung in diese Stadt, wir sind über jede Regung deiner Seele unterrichtet.
Wisse! Der Ratschluß, der dich zum Mitarbeiter an unserem Werk ausersehen hat, ist von keiner geringen Gewalt. Du sollst der Apostel unseres Kampfes unter den Soldaten sein!«
»Welches ist euer Kampf?«
»Unser Krieg gilt der patriarchalischen Weltordnung«, sagte der Alte.
»Was ist das, patriarchalische Weltordnung?«
»Die Herrschaft des *Vaters* in jedem Sinn.«

Ein Blitz durchzuckte mich! Meine wahren Kameraden, ich hatte sie gefunden. Sie, die mein Leiden besser, geistiger verstanden, als ich selbst. Gelb und hohläugig zog mein Knabengesicht an mir vorbei, das mir, anders als anderen Männern, immer vorstellbar war. Ich sah die kleine Kadettenuniform, wie sie des Nachts über dem Stuhl hing. Gelb und hohläugig zog noch ein anderes Knabengesicht an mir vorbei. Wo hatte ich es nur gesehen? Wo nur...?
Ich fragte:
»Was versteht ihr unter – Herrschaft des Vaters?«
»Alles!« führte der Alte aus. »Die Religion: denn Gott ist der Vater der Menschen. Der Staat: denn König oder Präsident ist der Vater der Bürger. Das Gericht: denn Richter und Aufseher sind die Väter von jenen, welche die menschliche Gesellschaft Verbrecher zu nennen beliebt. Die Armee: denn der Offizier ist der Vater der Soldaten. Die Industrie: denn der Unternehmer ist der Vater der Arbeiter!
Alle diese Väter sind aber nicht Spender und Träger von Liebe und Weisheit, sondern schwach und süchtig, wie der gemeine Mensch eben geboren ist, vergiftete Ausgeburten der *Autorität*, die in dem Augenblick von der Welt Besitz ergriff, als die erste gerechterweise auf die gebärende Mutter gestellte, paradiesisch-unseßhafte Gesellschaft durch die Familie und Sippe verdrängt worden war.«
»Wodurch aber wollt ihr die Herrschaft von Vater und Familie ablösen?«
»Durch das Regiment der Selbsterkenntnis und Liebe«, rief der Greis. »Du mußt mich recht verstehen! Die Machtsucht, der Trieb, über andere zu herrschen, sich in ihrer Demütigung zu spiegeln und vor ihnen groß zu sein, ist ebensowenig dem gesamten Menschengeschlecht eingeboren wie dem einzelnen. Das Kind in seinen ersten Jahren lebt im ruhigen Austausch mit der Umwelt. Erst wenn es die Unterdrückung durch den Hochmut der Erwachsenen, die Erniedrigung durch den egoistischen Eigenwillen der Eltern erfährt, erleidet seine Seele den unverbesserlichen Schaden, der jenes krankhafte Fieber erzeugt, das Machtwille, Ehrgeiz, Siegsucht und Menschenhaß heißt.
Und wie im Individuum, so in der ganzen Menschheit. Der selige Urzustand, die Aurea aetas der Alten, das Paradies der

Religionen, war die ursprüngliche gesund-nomadische Form des menschlichen Beieinanderlebens gewesen.
Da erhob sich der *erste Vater* über seine schwachen Söhne und spannte sie vor die neue Pflugschar, die ein hoher, wenn auch doppelsinnig-versucherischer Genius konstruiert hatte. Und siehe! Nicht mehr waren die Knospen und Sprößlinge des Menschengeschlechtes *Kinder*, nicht mehr Kinder der freien Mutter, die verehrt und heilig gehalten, den Samen wählte, der sie befruchten sollte. Die Kinder der Mutter waren zu Söhnen des Vaters geworden, des Vaters, der nicht in neun Monaten der mystischen Prüfung ein neues Leben mehr lieben lernte, als sich selbst, sondern in einem kurzen Kitzel den bald vergessenen Lebenssaft verspritzt hatte.
Die Patria potestas, die Autorität, ist eine Unnatur, das verderbliche Prinzip an sich. Sie ist der Ursprung aller Morde, Kriege, Untaten, Verbrechen, Haßlaster und Verdammnisse, gleichwie das Sohntum der Ursprung aller hemmenden Sklaveninstinkte ist, das scheußliche Aas, das in den Grundstein aller historischen Staatenbildung eingemauert wurde.
Wir aber leben, um zu reinigen!«
»Durch welche Waffen wollt ihr die Autorität vernichten und den Zustand der Selbsterkenntnis und Liebe heraufführen?«
Chaim Leib Beschitzer, so hieß der alte Mensch, hob seine Arme drohend empor, seine hellen Augen, rotgerändert, glänzten vor Haß. Er rief:
»Durch Blut und Schrecken!«
»Bravo!«
Ich stampfte auf, fast besinnungslos vor Wut und Lust, alle klirrenden, krähenden Hähne von Vätern anzuspringen. Der Greis deutete auf die Tafel. – Formeln von Ekrasit, Lyddit, Ammonal, von allerhand Dynamitmischungen waren zu erkennen.
Seine tiefe Stimme sprach jetzt etwas leiser: »Wir haben überall unsere Vorposten und Vedetten. Es ist kein Unternehmen und Beruf mehr, wo unsere Missionäre nicht tätig sind. Schon in den Volksschulen wiegeln wir die Kinder gegen die Lehrer auf. Dich aber haben wir ausersehen, unter denen zu kämpfen, die alle Armeen der Welt in Brand gegen die Machthaber setzen. Du hast als Offizier in Galizien heimlich Sabotage getrieben. Wir wissen, daß du keinen Umgang mit

Gleichgestellten gepflogen hast, auch die Güte, die du deiner Mannschaft entgegenbrachtest, ist uns bekannt.
Dies alles aber war noch Geschehenlassen und Dulden!
Willst du endlich *wagen* und *tun?*«
»Ich will!«
»So tritt in unseren Kreis«, rief er mit der ernstesten Miene, »und versprich uns in die Hand (da wir den Schwur verwerfen) im Namen deiner Liebe zum Guten, zur Wahrheit und Zukunft des Menschengeschlechts, versprich uns, niemals Verrat zu üben, niemandem unsere Namen, unsere Schlupfwinkel, Pläne, Geheimnisse, Reden kundzugeben. Ebenso werden auch wir deinen Namen, deinen Stand, deine Reden, Pläne und Geheimnisse bis zum letzten Blutstropfen wahren. Wer von uns beiden und allen anders handelt, verfällt dem Tode, den über ihn das geheime Tribunal beschließt!«
Beschitzer schwieg.
Alle Männer gaben mir, starren Blicks, die Hand.
Ich hatte Kameraden. Das erstemal im Leben fühlte ich den Stolz der Solidarität.
Es gab Brüder, die mich in ungeheure Ideen einweihen würden, deren Kampf mein Kampf war, den ich nun endlich beginnen wollte.
Der Alte hob mit angeekelten Fingern meinen Säbel auf:
»Da nimm! Morgen erwarten wir dich wieder in unserer Mitte. Schon in den nächsten Tagen werden die Aufträge des *Zentralkomitees* einlangen.«
Er winkte Herrn Seebär. Wir beide verließen dieses Zimmer und traten in ein anderes, das hellerleuchtet heiser lärmte. Betäubt stand ich in der Türe. Was waren das für Gesichter, für Gestalten, die verzerrt um den grünen Spieltisch drängten, auf dem Roulette und Gold rollte!
Wo hatte ich diese Gesichter schon gesehen?
Der Chinese, höflich, mit unbewegtem Grinsen, hielt die Bank. Ein Neger im weißen Flanellanzug zählte lippenwälzend Geld, das vor ihm lag, ein Herr in gewiß geliehenem Frack saß starr da und schielte auf seine Hände, die wie ein Haufe blutbesudelter Leichen vor ihm lagen. Ein Matrose, der seine Seefahrts-Löhnung verspielt zu haben schien, kroch unter den Tisch, wie um ein weggerolltes Goldstück zu suchen, fuhr kerzengerade empor und kroch wieder unter den Tisch. Diese Bewegung

wiederholte sich hundertmal. Einen pfiffigen Kerl sah ich mit lueszerfressener Nase, der gleichmäßig spielte. Ein gieriger, schlechtrasierter Mensch in Mesnersoutane, der eben vom Glockenläuten gekommen zu sein schien, hatte seine Barschaft beträchtlich vermehrt. Ein paar andere Gespenster noch spitzten blaß nach der rollenden Scheibe, während sie ihre Farbe und Nummer riefen.
Ein Mann aber in fremdartiger Uniform beherrschte riesig den Raum. Breitbeinig und furchtbar stand er da. Er konnte ebenso napoleonischer Gardist wie Kinoausrufer, Opernsergeant oder italienischer Gendarm sein. Er hatte den ganzen Einsatz verloren. Tabakgeifer rann von seinem Munde, dessen Lippen eine lang schon ausgegangene Zigarette zerpreßten.
Langsam ballten sich seine knolligen Hände zu Fäusten und fuchtelten unter der Nase des Chinesen, der höflich achselzuckend vom Croupieren nicht aufsah und den verschnürten Lackel, dessen offener Mund jetzt ein gelbes Pferdegebiß sehen ließ, gleichmütig tröstete.
Seebär zog mich bei der Hand aus diesem Raum fort. Jetzt standen wir in einem dritten Zimmer. Es war achteckig und verriet ein hohes Turmgemach.
In der Mitte stand ein dreifußartiges Gefäß, auf dem ein Feuer mit kleinen Kohlen glühte. In die acht Wände dieses Gewölbes waren tiefe Nischen eingelassen, und in diesen Nischen knapp übereinander sah ich je vier Ruhebetten, auf denen Menschen starr wie in der Totenkammer lagen.
Manchmal bewegte sich einer.
Blicklos, aus Sternenwelt her, stierten mich ruhig verglaste Augen an.
Um das Feuer schlichen Gestalten, die kleine Kohlenstücke holten, die sie auf ihre duftenden Pfeifen mit den flachen Köpfen legten.
Alle diese Männer waren alt, zu Schatten gemergelt, alle trugen sie feierlich schwarze Schlußröcke, deren Stoff abgeschabt und schon wie Zunder war.
Sie alle unterschieden sich durch nichts von meinem Führer Seebär. Waren auch sie taubstumm? – Lautlos umwandelten sie das Feuer, holten sich ihre Kohlen und verschwanden, jahrtausendalte Assyrer, in den Felsengräbern der Nischen.
Von Zeit zu Zeit kam der Chinese, sah nach dem Rechten,

belebte das Feuer, räumte die Pfeifen weg, die denen entfallen waren, die schon durch die Wonne-Landschaften schwebten, oder schob eine der Bettladen vor, um nach dem Schlafstand eines Berauschten zu sehen, und dann glich er dem Bäcker, der prüfend ein Brot aus dem Ofen zieht und es wieder zurückstößt.
Hier nun erfuhr auch ich die Segnungen des Opiums, jenes göttlichen Mohnes, dessen Landschaften süßer als die mildeste Kindheit betäuben, dessen Barkarolen die seraphische Musik übertreffen und dessen Verzückungen mehr begeistern als die Liebe und der Ruhm.

Allnächtlich nun besuchte ich das alte Haus, das steilab in den schwarz sich wälzenden Strom gebaut war. Allnächtlich saß ich unter den Russen, die das unkörperliche Leben von Katakombenheiligen führten. Wir diskutierten über bedeutsame Stellen aus den Werken Proudhons, der großen Utopisten, über Probleme aus den Werken Stirners, Bakunins und der neueren, wie Kropotkin, Przybyszewski und J. H. Mackay. Ich studierte mit ihnen chemische und pyrotechnische Enzyklopädien – und manche Nacht verging, während wir komplizierte Modelle neuer Bomben und Höllenmaschinen erdachten.
Ich fand unter diesen Menschen eine Sittenreinheit, eine Überzeugungstreue und Liebesfähigkeit, eine Erhebung über alles Sinnliche, eine Leidenschaft des Geistes und Todesverachtung – daß ich oft zerknirscht bis zum Selbstmordgedanken war, weil so viel Tugend und Verehrungswürdigkeit der geringeren Natur unerträglich sind.
Ach, wer vermag allzulange die Gesellschaft von Erzengeln zu teilen!
In solchen Augenblicken der Selbstverwerfung schlich ich mich wohl ins Zimmer der Spieler und mischte meine Stimme unter die Gurgelrufe, die der Bahn der Glückskugel folgten.
Meist hatte ich unter diesen verzerrten Gesellen, von denen jeder ein ausreichendes Verbrechen am Gewissen haben mußte, Glück im Spiel.
Selbst behielt ich aber nur wenig von dem Gewinn und legte die größere Hälfte in die Hände des alten Beschitzer, dem nicht wie Söhne, sondern wie Kinder die Russen anhingen.
Oft auch gab ich mich in einer Grabkammer des Turmgewölbes dem Opium hin.

Die glückseligen Träume des Mohnrausches sind unbestimmt und nicht zurückzurufen. Die Erinnerung bewahrt von ihnen keine Anschauung, nur eine ferne, süße Empfindung; ähnlich ist es, wenn wir plötzlich glauben, das Bewußtsein einer früheren kindhaft leichten Existenz dämmere in uns auf.
Die Bilder, die ich sah, vermag ich mir nicht mehr vorzustellen. Aber wenn ich schlaff, wie nach ungeheurem Blutverlust, von der Schlafmatte stieg, bemächtigte sich regelmäßig folgende Phantasie oder Vision meiner, als wäre sie ein abgeschwächtes Echo, ein leises Coda des großen unverratbaren Traumthemas:
Auf einer Bühne – nein es ist ein Kasernenhof – steht ein baumlanger, wilduniformierter Kerl (der Kinoausrufer oder napoleonische Gardist der Spielhölle). Er schwingt eine riesige Peitsche über ein ganzes Heer von Rekruten, die in einförmigem Rhythmus Kniebeugen machen. Viele Gesichter sind darunter, die ich kenne. Der chinesische Hauswirt, Beschitzer, die anderen Russen, der Matrose, der allnächtlich sein Geld verspielt, Kameraden aus der galizischen Garnison, aber auch Frauen – ich sehe meine Mutter. Sie ist bloßfüßig, doch trägt sie das neue modische Straßenkostüm.
Die Peitsche saust!
Auf und nieder, auf und nieder heben und senken sich die Gestalten in der Kniebeuge.
Der riesige Flegel krächzt kurze Kommando- und Schimpfworte weithin in den hallenden Raum.
Da schwebt eine entzückende, immense Seifenblase vom Himmel nieder. Es ist der geistige Planet – (»l'étoile spirituelle«, sage ich vor mich hin). Auf seiner irisierenden Glasur malen sich heitere Kontinente, blumenspeiende Vulkane, liebreizende Meere, Vegetationen von ungeahnter Vielfalt und Zartheit.
Langsam sinkt dieser selig elfendünn gewobene Ball hinab, jetzt zittert er über dem Haupt des Peitschenschwingers, jetzt berührt er es, wie ein Hampelmann zerreißt die ungeschlachte Figur nach allen vier Seiten und verschwindet. Aber auch die himmlische Seifenblase ist zersprungen, und auf die Erde, auf alle Geschöpfe, die jetzt aus der entwürdigenden Kniebeuge emportauchen und aufrecht dastehen, fällt ein berückender Regen, unter dessen Tropfen unbekannte Palmen, Lianen,

Pinien, Ginkgobäume aufwachsen und eine unerhörte Blumen- und Duftwelt sich entfaltet.
Ich aber wandle unter Millionen schönschreitenden Geschöpfen durch diesen maßlosen Garten mit meiner Mutter, die jetzt goldene Schuhe trägt.

Inzwischen war aus Rußland vom geheimen Zentralkomitee die Weisung über meine Verwendung eingetroffen. Beschitzer öffnete vor meinen Augen den Umschlag, der aus Moskau datiert war und einen gleichgültigen Geschäftsbrief auf Firmenpapier enthielt.
Die Zuschrift wurde in eine Lauge geworfen, die Schreibmaschinenschrift verschwand, ein Stempel wurde sichtbar, der eine rote Hand in einem Flammenkreis zeigte, und folgende Order trat zutage:

GEHEIMES UND INTERNATIONALES ZENTRALKOMITEE,
SITZ MOSKAU

An den Leiter der Donau-Sektion. Moskau, am 5. Mai 1913

Leutnant Duschek soll keinesfalls aus dem Heeresdienst ausscheiden. Er ist, wie in einfacher Konferenz beschlossen wurde, als Propagandist bei der Armee zu beschäftigen, zu welchem Behufe er gebeten wird, bei möglichst vielen Truppenkörpern als Offizier zu wirken.
Unterschrifts-Chiffre, Stempel.

Ich meldete mich bei meinem Kommando krank und erhielt einen mehrwöchentlichen Urlaub.
Sofort begann ich meine Tätigkeit.
Am Samstagabend und sonntags machte ich mich in Tanzsälen, Schenken, Vergnügungsparken, Kinos, Sportplätzen und Ausflugsorten an Soldaten heran. Ich ging nach folgendem System vor:
Zuerst prüfte ich die Gesichter. Erblickte ich eines, das unzweifelhaft durch das dritte Jahr des Dienstes gezeichnet war und dessen Eigentümer weder eine Charge noch eine Richt- oder Schießauszeichnung besaß und nicht stumpf, sondern mit jener verächtlichen Verbitterung dreinsah, für die mein Auge sehr geschärft war, so sprach ich ihn an. –

Zuerst erschrak er (denn ich war ja ein Herr Offizier), dann wurde er mißtrauisch, schließlich aber, halb ärgerlich, halb geschmeichelt, faßte er Mut, denn ich erzählte ihm, ich wäre sehr arm und hätte von meiner Leutnantsgage meine alte Mutter zu erhalten. Ich schilderte beweglich mein Elend, daß ich gezwungen wäre, die Zigaretten meiner Fassung zu verkaufen und kaum alle heiligen Sonntage dazu käme, selbst eine Zigarette zu rauchen, denn ein Schuldenmacher, wie die anderen Herren zu sein, das brächte ich nicht übers Herz.

Der Mann dachte sofort: »Da sieht man's. Die großen Herren! Da haben wir's ja, was hinter all der Aufdraherei, Schinderei und Schreierei steckt! Ein armer Hund, der sich schmutziger durch die Welt bringt als unsereins. Wenn ich wieder im Zivil bin, habe ich mein Auskommen als Knecht, Raseur, Tischler, Maurer, Selcher usw. Und der da? Freche Bettler sind sie alle zusammen! Mir soll dann nur einer begegnen! Zweimal wird er mich nicht anschaun.«

Ich ging so eine Weile neben dem Gemeinen hin und sprach gehässig über die Offiziere und Feldwebel, besonders aber betonte ich, daß sie alle bestechlich seien und die Mannschaft um ihre Gebühren betrügen, indem sie die besten Lebensmittel und Sorten auf die Seite zu bringen wissen.

Das gefiel dem Mann; es war seine eigene Ansicht, und er fing an, nach Beispielen und Belegen zu suchen. Plötzlich fragte ich ihn nach seiner letzten Bestrafung. Er geriet in Feuer und Wut, erzählte irgendein Vergehen und brach in wilde Beschimpfungen gegen den Hauptmann Kallivoda, den Oberleutnant Gamsstoitner, diesen Hund, aus, gegen all die Namen, die mein eigenes Blut empörten.

Nun war er gänzlich warm geworden. Ich erwischte den günstigen Augenblick und bat ihn um eine Zigarette.

Hallo! Da war er ganz oben! Dem »Herrn«, dem ewig Unnahbaren eine Zigarette schenken, das schmeichelte, das war Wohlgefühl und Triumph über den aufgeblasenen Halbgott, der ein armer Lump, ein Stinker und ein Nichts ist.

Ich dankte für die Zigarette. Nicht jetzt würde ich sie rauchen – später.

Der Mann wurde mitleidig, und ich hatte ihn gewonnen.

»Das ist doch ein anderer«, dachte er, »der hierher kommt und

mit den Leuten lebt. Ich spuck' mehr auf ihn als *er* auf mich.«
Und jetzt begann ich mein Werk.
Und ich war erfolgreich, denn in kurzer Zeit hatte ich zwei Burschen zur Desertion verleitet und durch einige andere manch Tausend aufreizender Flugblätter in den Kasernen verteilen lassen.
Die Gefahr, die dieses Treiben für mich bedeutete, machte mich glücklich und zufrieden. Ich hatte einen Lebenszweck, das wagemutige Geheimnis erhob mich fast zur heiligen Schulterhöhe der Russen.
Aber es war noch ein anderes neues Gefühl, stärker als Haß und Rachsucht, das mich beflügelte und tollkühn machte. –
Vor wenigen Tagen hatte ich sie das erstemal gesehen. Sie war über die Schweiz gekommen und lebte nun dasselbe geheimnisvolle, fast unphysische Leben wie die anderen Russen.
Nun! Wie soll ich Sinaïda beschreiben? Ich selbst bin ja »erwacht«, »gesund geworden«, und mein Gedächtnis kann kaum mehr die furchtbaren Überschwenglichkeiten meiner Jugend wiederholen.
Sinaïda! Ihre Landsleute gingen mit ihr um, wie die Getreuen mit einer Königin in der Verbannung umgehen. Das Geheimnis irgendeiner Tat ruhte auf ihr, das einen unüberschreitbaren Abstand erschuf. Sie sprach fast niemals, und dennoch war der Zeiger aller Reden immer auf sie gerichtet, ihr Blick war ein ernsthaftes Starren, das immer ein wenig an dem vorbeireichte, den sie ansah.
Es war keine Spur von chargierter Schlamperei an ihr, ihr dunkles Haar war keineswegs kurzgeschnitten, ihre Kleidung wohlberechnet und anmutig.
So erwachsen ich auch war, die Liebe hatte ich noch nicht kennengelernt. Die Erzählungen meiner Kameraden von ihren Abenteuern hatten mir immer nur Ekel bis zum Brechreiz eingeflößt.
Allein, ich kannte die entsetzlichen Leidenschaften der Schwärmerei, die seelenzersprengenden, lebenverwüstenden.
Sinaïda übte auf mich eine zwiefache Macht aus. Die wie nach einer schrecklichen Anstrengung schneeweiße Stirne, der starre Blick, die zarten, fast ironischen Schatten um die Mundwinkel zeigten, daß diese Frau nicht nur *Leben* hinter sich hatte, sondern etwas weit Höheres, Heiligeres, eine Tat, eine Aufop-

ferung, ein Geheimnis, von solcher Würde, daß keiner jemals davon zu sprechen wagte. Dieses Geheimnis, als ein unbegrenztes moralisches Übergewicht, demütigte mich süß und schrecklich.
Und – sie war schön, mehr noch als das, viel mehr – Zauberei! Ihr Gesicht zu ertragen, schien für mich fast unmöglich. Wenn ich es eine Zeitlang anzusehen wagte, war mein Herz ausgepumpt, meine Glieder müde wie nach einem stundenlangen Ritt.
War aber der eine Pol meiner Empfindung jene moralische Demütigung, ein Geschöpf höherer Art, als ich es bin, vor mir zu sehen, so der entgegengesetzte Pol viel umfaßlicher, kaum zu begreifen.
Die Schönheit Sinaïdas war eine wesenlose Entzückung, die ihrem Kleid die süße Form gab, selbst aber Zephyr, Geist, Schwingung zu sein schien. Und doch – es war fast klar –, sie hatte ein Gebrechen, wenn auch von zartester, unauffälliger Natur. Es schien, daß sich ihr Schritt nach der einen Seite etwas neigte, kaum merklich, aber in manchem Augenblick unverkennbar.
Dieses Unregelmäßige in dem Rhythmus ihrer Erscheinung (Hinken es zu nennen, wäre zu viel und zu profan), dieses zarte Gebrechen riß mich hin, brachte mich um Verstand und Bewußtsein.
Der Gegensatz von ihrer Lebensüberlegenheit und Gebrechlichkeit erzeugte in mir einen magischen Strom von solcher Macht, daß ich jede Herrschaft über mich selbst verlor.
Und doch! Liebe wagte ich dieses Gefühl nicht zu nennen. Anbetung und Verwirrung! Diesem unirdischen Leib, dieser überirdischen Seelenkraft wollte ich nichts anderes sein als Knecht, Türhüter und Hund!
Dennoch! Beweisen wollte ich mich, ihr nicht nachstehen, die Glorie eines Geheimnisses auf mein Haupt versammeln, auch ich!
Sinaïda selbst behandelte mich so, wie Frauen einen Lebensanfänger behandeln.
Sie übersah mich.

Ich verdoppelte meine Anstrengungen in der Verhetzung der Soldaten. Es war ein Wunder, daß man mich noch nicht

angegeben und ertappt hatte. Fast aber – um Sinaïdas willen – sehnte ich eine Katastrophe herbei, die mich vor der Welt der Ordnung zum Verbrecher erniedrigen, vor ihr aber zum Märtyrer erhöhen sollte.
Eines Tages, als ich wieder eine Seele gefangen hatte und eifrig redend neben einem Gefreiten ging, der mir gestand, schon selbst einmal eine Meuterei angezettelt zu haben, wurde ich von rückwärts angerufen: »Herr Leutnant!«
Ich zuckte automatisch zusammen.
(Dieses Zusammenzucken werde ich und keiner, der einen langen Militärdienst geleistet hat, je überwinden können.)
Ich drehte mich um – ich, der Revolteur – und blieb in Vorschriftshaltung stehen. Der General, der mich gestellt hatte, war mein Vater!
Mit böswilligem Wohlgefallen an sich selbst, hüftenwiegend, trat er näher. Einen Handschuh hatte er abgestreift und trug ihn zugleich mit einer Reitgerte, die er regelmäßig gegen den Schenkel schlug, in der Hand. Sein Auge kniff ein schwarzrandiges Monokel, dessen absichtsvoll breite Schnur ausladend herabhing.
»Ah, du bist es«, höhnte er, »das hätte ich mir gleich denken können!«
Wo war mein Mut? O Sinaïda!
Stramm stand ich und trank die Worte eines Vorgesetzten.
»Bist du nicht oft genug darüber belehrt worden, daß Offizieren der außerdienstliche Umgang mit Mannschaftspersonen untersagt ist? Hast du nicht selbst genug Verstand, um einzusehen, wie schädlich diese falschen und ungebührlichen Vertraulichkeiten für den allerhöchsten Dienst sind?
Aber dich kenne ich schon!
Sieht man dich einmal, so geht es ohne Anstand nicht ab. Weißt du – dich möchte ich unter meinen Leuten nicht haben, Gott bewahre! – Aber stündest du unter meinem Kommando, so könnte dir der Teufel gratulieren! Ich wollte dich aufmischen, mein Lieber!«
Er sah auf die Uhr.
»Wo steckst du, was treibst du?
Jetzt ist es erst halb fünf. Bist du schon dienstfrei, gibt's keinen Kurs, hast du das Recht, zu flanieren? Wenn ich das zweitemal auf Unregelmäßigkeiten komme – du – mit mir wage nicht zu

spaßen! Hörst du? Ich verlange soldatische Haltung, soldatische Pflichterfüllung von dir! Und, was ich sonst noch zu sagen habe – – – na, merk dir's! Servus!«
Er fuhr mit gebogenem Zeigefinger halb gegen die Kappe, ließ mich stehen – und – Satan – ich salutierte betreten und stramm.
»Ihm nach, ihm nach« –, es riß mit mir, als ich zu Bewußtsein kam –, »und in den Straßendreck mit dir! Mörder, Seelenverkäufer, Menschenschinder, ungebildeter Frechling, roher Schwachkopf!«
Ich stand wie auf einem schwankenden Segelboot. Doch plötzlich fiel mir Sinaïda ein. Kränkung und Wonne gaben einige erleichternde Tränen her. Ich hörte mich murmeln: »Es kommt der Tag!«

Allabendlich, knapp nach dem Dunkelwerden, pilgerte ich zu meinen neuen Freunden.
Traumhafte, stundenlange Gänge durch die Nacht, die ich entweder allein oder in Begleitung Herrn Seebärs zurücklegte. Ob es mehr war als Spiel und Opium, was den taubstummen Bücherrevisor in jenes mysteriöse, auch für mich niemals übersichtliche Haus zog, das habe ich nie erfahren können.
Diesmal empfing mich der Chinese erregt und unruhig. Er winkte mir geheimnisvoll, zupfte mich und öffnete eine Falltüre. Seine Blendlaterne leuchtete mir eine Seitenstiege hinab. Ich gelangte über unwegsame Stufen in einen Keller. – Ein riesiges, feuchtes Gewölbe, dessen Größe gar nicht abzumessen war! Vermutlich die alten Kellereien der Abtei auf dem Berge.
Um einen Tisch, auf dem Windlichter standen, denn es wehte hier scharf, saßen in feierlicher Ordnung die Russen. Beschitzer präsidierte. Sein Gesicht, vor innerer Bewegung, war noch wächserner als sonst, ohne Falte, ja ohne jedes vergnügte Äderchen des Lebensgenusses. Ich bemerkte die außerordentliche Schmalheit seiner Nasenwurzel, diese edle Nase mit der schärfsten Spitze, die man sich denken kann. So spitzige Nasen im guten und schlechten Sinn trifft man immer bei theologisch gerichteten Menschen an.
Ihm zur Seite saß Sinaïda, die strenger als sonst über mich

hinwegsah; ihre zerbrechlichen Hände schimmerten in den schleimigen Ausstrahlungen des Raumes.
Am unteren Ende des Tisches wartete schon ein Stuhl auf mich. Chaim winkte mir. Ich setzte mich nieder.
Keiner unterbrach auch nur durch ein Zucken der Wimper das erhabene Starren. Niemals hat mich die gesammelte Gewalt so vieler mächtiger Seelen mehr erdrückt als in dieser endlosen Minute des Schweigens, das nur durch die greisen, knorrigen Atemzüge des uns zu Häupten arbeitenden Stromes unterbrochen wurde.
Endlich setzte Beschitzer einen verbeulten Zwicker auf und entfaltete ein Schriftstück.
Er sprach zuerst einige russische Worte. Dann rief er singend und vibrierend: »Wer hätte das gedacht?« Sein Akzent wurde fast unverständlich. »In die Arme läuft er uns!« Nach einer Pause:
»Hört, Brüder, was das Komitee mir schreibt!« Die Stimme des Vorlesers stockte und zitterte.
»Wir teilen Euch mit, daß der Zar am 30. Mai in W. eintreffen wird, und zwar um 7 Uhr 35 Minuten morgens in einem Sonderzug, der als langer Personenzug maskiert ist.
Die Ankunft erfolgt am Nordbahnhof, gerade in dem Augenblick, wo die beiden Gegenschnellzüge ein- und abfahren, also der größte Trubel herrscht. Für diesen Train ist das dritte Geleise, vom Ankunftsperron gerechnet, reserviert.
Der Zar reist in Zivil, ebenso wie das gesamte Gefolge, das etwa aus dreißig Herren der näheren Umgebung und aus hundert Polizeiagenten besteht, denen selbstverständlich die gleiche Anzahl schon vorausgeeilt ist.
Der Zar wird voraussichtlich einen grauen Jackettanzug mit weichem grauem Hut tragen, den Charakter eines wohlsituierten Arztes führen und einem Waggon zweiter Klasse entsteigen. Ferner ist es möglich, daß der Zar eine runde Hornbrille mit breiter Fassung tragen wird. In seiner Begleitung dürfte sich Botschafter Iswolski und Minister Sasonow befinden.
In der äußeren Ankunftshalle wird der Kaiser, der eine kleine Reisetasche selbst in der Hand hält, von einer Frau mit zwei kleineren Kindern empfangen werden, die als Familie mit lauten Worten eine innige Begrüßung zu agieren haben.
Dann begibt sich die Gruppe zu dem Autotaxameter Nr. 3720,

der sich jedoch erst anrufen läßt. Neben dem verkleideten kaiserlich-königlichen Chauffeur wird ein Mann in dürftigem Anzug sitzen, der Chef der dortigen Staatspolizei.
Die Familie, das heißt der Zar und die Frau mit den beiden Kindern, fahren in die Residenz von S., wo der Zar am öffentlichen Eingang des berühmten Schloßparks das Auto verläßt, welches weiterfährt. Der Kaiser, die kleine Reisetasche in der Hand, schreitet die große Taxusallee hinan und begegnet bei der zweiten Wegkreuzung um 8 Uhr 20 Minuten dem jungen Erzherzog K., der sich mit ihm ins Schloß begibt.
Es sind also zwei gute Attentatsmöglichkeiten vorhanden, von denen allerdings die letztere, weil sie weniger Menschen in Gefahr bringt, vorzuziehen wäre. Das erste Attentat müßte vor der Bahnhofshalle, und zwar am besten durch Schußwaffe aus möglichster Nähe erfolgen, das zweite vor dem Parkportal, und zwar hier am besten durch Aufschlagbombe.
Eventuelle Veränderungen in der Disposition werden durch chiffrierte Telegramme mitgeteilt werden.
Die streng geheime Reise des Zaren wird den mächtigen Zeitungsherausgebern Europas verborgen bleiben. Außer den Häuptern der dortigen Dynastie und den politischen Chefs wird niemand etwas erfahren.
Zweck der Reise ist eine Konferenz über die durch die albanische Frage verwirrte internationale Lage, die unter dem Präsidium des alten Halunken stattfinden wird.«
Eine Ewigkeit lang schwieg jeder Atemzug, während Beschitzer bedächtig, doch mit unbemeisterten Händen das Blatt zusammenfaltete. Dann hörte ich ihn leise fragen: »Wer?«
Alle Männer schnellten auf, erhoben ihre Hand und schrien: »Ich!«
Ich allein blieb sitzen.
Teilnahmslos dunkel traf mich der Blick Sinaïdas.
Sie hatte nichts anderes von mir erwartet.
Da fuhr ich empor. Der Stuhl hinter mir kippte um:
»Nicht ihr, ich, ich werde es tun.«
Raserei! Empört machten die Männer Miene, sich auf mich zu stürzen. Durcheinander schrie's: »Wer bist du?« »Neuling!« »Grüner!« »Kommisknopf!« »Was weißt du?« »Wen hat er dir umgebracht?« »Bist du schon an einer Wand gestanden?«
Ich blieb fest und sagte ruhig:

»Bedenkt doch den Vorteil, wenn ihr mich wählt! Ich bin unverdächtig, ein Offizier! Überall habe ich Zutritt. Die Schloßwache präsentiert vor mir. Wenn ich mich dem Zaren nähere, halten mich die Polizeiagenten gewiß für einen Funktionär. Ich allein kann es mit höchster Möglichkeit des Gelingens vollbringen. Euch verhaften sie schon, wenn ihr nur den Kopf ins Freie steckt. Bedenkt das!«
Von neuem erhob sich der erbitterte Widerspruch der Russen.
Plötzlich wurde es still. Sinaïda hatte gesprochen:
»Er hat recht! Laßt ihn! Er soll es tun.«
Elektrischer Schlag. Sie hatte mich gewürdigt. Nun war ich Akkord und glaubte an Gott.
Der alte Beschitzer hatte das Haupt gesenkt und schien zu schlafen.
Da! Er hob die dicken gefälteten Lider, zeigte mit der Hand auf mich:
»Du!«
Die Entscheidung war gefallen. Kein Blick der Kränkung und des Neides traf mich mehr. Mit einem Male war ich über alle erhoben. Ich fühlte, wie von mir die Strahlen der Auserwählung und Todgeweihtheit ausgingen.
Ich spürte Sinaïda neben mir. Sie sah mich an. Sie sprach zu mir. Ich sah – ich sah und hörte keine Worte. Sich hinwerfen! Singen! Weinen! Die Seele war mir so weit!
Im Morgengrauen begleiteten mich Sinaïda und Hippolyt Poltakow in die Stadt. Wir sprachen kein Wort. Milchwagen klingelten in die Dämmerung. Der Flieder rief schon stark von allen Seiten.
Zwei Abgeschlossenheiten wanderten wir nebeneinander, sie und ich, jedes für sich, unerreichbar dem andern, zwei eingemauerte pochende Leben, die nie ineinander werden verfließen können.
Und doch! Eine Heilige, mit ihrem Haar hat sie die Füße des Jesus getrocknet.
Der Morgen, nicht nur für diese Erde geschaffen, schwebte hinab und wieder zur Höhe. Sinaïdas Schritt klang mit seiner zarten Ungleichmäßigkeit auf der harten Straße wie auf einer mächtig gespannten Saite.
Ganz leicht, in der fernsten Ferne meiner Selbst, hörte ich den

heiligen Marsch. Ja, den Marsch des mystischen Militärs, das
Alla marcia der Neunten Symphonie, ich hörte es nahen.
Ach, noch in der Unendlichkeit der unsichtbaren Sternbilder
fielen die Paukenschläge und wiegten sich die schwebenden
Schritte der Zahllosen. Aber näher wälzt sich schon das Meer
der leichtfüßig Geharnischten. Ein Schuß, eine Explosion! Das
Leben kommt mit dem Schrei eines erwachenden Ohnmächtigen zu sich und begräbt in den Tiefen seines erlösten Stroms
die Trümmer der Individuen. Dann werde ich eins sein mit ihr,
eins auch mit dem Feind, dem Vater!

Die nächsten Tage verbrachte ich in der angestrengtesten
Weise mit den Vorbereitungen zum Attentat. Ich hatte das
Parkportal in S. gewählt.
Ich nahm an, daß die große Taxusallee am Morgen des 30. Mai
für das Publikum gesperrt sein würde, während der Platz vor
dem Eingang dem Verkehr offenbleiben dürfte, um jedes
Aufsehen zu vermeiden. Zur Vorsicht wollte ich aber in dem
großen Hotel, das dem kaiserlichen Sitz gegenüberlag, übernachten, um zu jeder Zeit, als gehörte ich zu den Aufsichtsorganen, auf den Platz hinaustreten zu können.
Sollten die Gäste des Hotels unter Kontrolle stehen, so würde
der bekannte Name, den ich trug, gewiß kein Mißtrauen
erregen.
Mein Plan war bis in die letzte Möglichkeit einer Überraschung
ausgearbeitet. Zur Vollstreckung des Todesurteils hatte ich
eine Wurfbombe mit höchst brisanter Ladung gewählt.
Fünf Tage nur trennten mich von dem großen Datum. Die
ersten zwei brachten Ereignisse von Wichtigkeit für mich.
Sinaïda hatte plötzlich meine Hand ergriffen. Eh' ich aber noch
ein Wort sagen konnte, war sie mit einem gequälten Gesicht
davongegangen und ließ sich an diesem Abend nicht mehr
blicken.
Zum zweiten hatte mich um die nächste Mittagsstunde ein
Mann in etwas arrangierter Vernachlässigung angesprochen
und sich nach seinem Freunde Beschitzer erkundigt, mit dem er
gemeinsam in London, wie er vorgab, das »Comité de l'action
directe« geleitet hatte.
Er sei ein alter »Kamerad«, versicherte er, einer der Ältesten
überhaupt, hätte zuletzt in der Omladina gewirkt und würde

mir sehr dankbar sein, wenn ich eine Zusammenkunft zwischen ihm und dem alten Chaim vermitteln wollte, dessen Aufenthaltsort er nicht wüßte.
Ich fuhr den Mann an, wie er es wagen könne, einen Offizier zu belästigen, und ließ ihn stehen.
Sollte man mir auf der Fährte sein? War das einer der vorausgesandten russischen Spitzel? Ein Fremder wußte von mir. Unter den tausend Leutnants auf den Straßen hatte er mich herausgefunden. Ich war gewarnt und unterließ es an diesem Abend, das Haus der Verschwörer aufzusuchen. Unruhe verlieh mir eine übermäßige Wachheit. Ich musterte alle Vorübergehenden scharf – und es war mir, als wären hundert Verfolger unter ihnen.
Das dritte denkwürdige Ereignis war ein Brief der Generalin, meiner Stiefmutter. Hier ist er:
»Mon cher! Warum beleidigen und agacieren Sie Ihren Vater durch andauernde Nichtachtung und Nichtbeachtung? Damit handeln Sie vor Gott und den Menschen nicht recht.
Ihr Vater ist Ihr Wohltäter!
Vergessen Sie das nicht! Er selbst hat es mir in einer Stunde erbitterter Kränkung über Sie versichert.
Sie sind ihm Dank schuldig. Er hat Ihnen das Leben gegeben. Er hat Ihnen eine standesgemäße Erziehung zuteil werden lassen, seine Aufmerksamkeit nie von Ihnen abgezogen und Sie gefördert, wo es nur anging.
Und wie haben Sie es ihm vergolten? Durch Kälte, Indolenz und durch eindeutiges Fernbleiben!
Sollten Sie allein es sein, der nicht weiß, daß Feldmarschallleutnant Duschek nicht nur einer der ausgezeichnetsten Führer unserer Armee, sondern auch der *beste Mensch* ist, der überhaupt lebt?
Und dann! Ihr Vater ist krank, sehr schwer krank, und Gott allein weiß, ob er uns lange noch erhalten bleibt.
Hüten Sie sich vor der Reue, die einst dem ungetreuen Sohn schwer auf der Seele lasten müßte. Noch ist es Zeit, vieles gutzumachen, durch einen herzhaften, gütigen Schritt Mißverständnisse aus dem Weg zu räumen. *Noch ist Zeit!* Das ist es, was ich Ihnen in mütterlicher Freundschaft sagen wollte.
Ihre Natalie.«
Ich warf den Brief wütend in einen Winkel. Wohltäter? Über

diese ungeheure Frechheit hätte man sich totlachen können!
Aber – *er ist krank* – und ich wußte es nicht.
Welche Leiden muß er wohl in den Nächten erdulden? Vielleicht hilft ihm Brom und Morphium nichts mehr.
Und dann! Er, der Unnahbare, Souveräne, der Drübersteher, er leidet unter meiner Kälte und Vernachlässigung? Also muß er ja nach meiner Wärme und Teilnahme Verlangen tragen!
Wie ist das? Er besitzt in mir seinen Sohn. Aber wünscht er sich nicht einen Sohn, der seine Interessen teilt, der ihm gefällt, elegant und erfolgreich ist, ein Offizier von Chic und Schneid, der mit ihm über das Mai- und Novemberavancement plaudert? Dieser Sohn bin ich nicht. All das, was ihn angeht, was seine Sphäre ist, hasse ich!
Aber er, er allein ist schuld an meiner Feindschaft. Hat er mich nicht nach seinem Bilde gedrillt, mich in seine Fußstapfen gezwungen, kalt, herrisch, unverständig meine Jugend in ein Zuchthaus verdammt?
Rache dafür!
Halt! Welch ein Gedanke? Er, der kranke Mann, leidet unter meiner Kälte? Ist es möglich? War seine abweisende Haltung gegen mich von jeher nur die Folge meiner abweisenden Haltung gegen ihn?
Unmöglich! Und doch! Ein Kind kann ja tief beleidigen!
Oder – stehen wir beide vor einem unbegreiflichen Gesetz, uns in der *Ferne suchen* und in der *Nähe hassen* zu müssen?
Ich verjagte diesen für mich gefährlichen Gedanken. Denn ich fühlte, wenn die geringste Regung für meinen Vater (den alten, kranken Menschen) mich erfaßte – ich könnte meine Tat im Stiche lassen – und – selbst – Sinaïda!

Am Morgen des 27. Mai ging ich mit meinen Freunden in die Auen des großen Stroms hinaus. Die neuen Bomben sollten ausprobiert werden.
Es war eine wundersame Wildnis, wo wir Halt machten. Wildgänse, Reiher, Störche zogen über uns dahin. Libellen und Milliarden Insekten zitterten über den Urverschlingungen dieses Dschungels, der nur ein wenig seitab von der Weltstadt lag.
Die Explosion verwundete einen großen fasanenartigen Vogel, der aus den Ästen einer Esche ins Gras fiel und tiefsinnig

regungslos mit den offenen Augen der Erkenntnis liegenblieb.
Schweiß der Scham und des Verbrechens brach mir aus allen Poren. Wie habe ich gestern noch mich als Erlöser gefühlt?!
Nun hatte ich ein Fleckchen dieses Sterns mit Blut gefärbt.
Von diesem Augenblick an erfaßte mich das Bewußtsein meines Vorhabens mit ganzer Wucht. Ich ertrug weder zu sitzen noch zu stehen. Meine Glieder zitterten. Mich peinigte ein unlöschbarer Durst. Ich trank ein Glas Wasser nach dem anderen. Ich floh zu den Träumen des Opiums. Als ich ermattet das achteckige Turmgewölbe verlassen wollte, stand ich plötzlich vor Sinaïda. Auf ihrem bleichen Gesicht fand ich neue Schatten. Sie trug einen großen Bernsteinschmuck, der dumpfe Strahlen warf.
Schreck und süßes Herzklopfen nahmen mir den Atem:
»Auch Sie?«
»Auch ich, seitdem mich die Furien verfolgen.« Sie verschränkte die Finger ineinander, als wollte sie sie zerbrechen.
Ich faßte Mut:
»Warum haben Sie vor zwei Tagen meine Hand genommen und sind dann fortgelaufen, Sinaïda?«
»Ich habe Mitleid mit Ihnen gehabt. Sie sind ein Kind, ein kleines Kind!«
»Wieso denn Mitleid?«
»Sie haben mehr auf sich genommen, als Sie wissen!«
»Attentat?«
Sinaïda sah mich langsam an:
»Wie unsachlich sind doch die Männer, die Sachlichen, die Objektiven! Noch kein Mann hat etwas Gutes und Schlechtes, etwas Großes oder Niedriges aus einem anderen Grunde getan, als sich selbst zu erhöhen. Was sind denn all eure Entschlüsse und Taten wert? Ich habe noch keinen Mann gesehen, der wirklich gelitten hätte! – Ihr könnt an nichts anderem leiden als an der Erniedrigung eurer Persönlichkeit. Und darum mißhandelt ihr die Welt so!«
»Gibt es denn ein anderes Leiden?«
»O, es gibt nur *ein* Leiden. Dieses Wort müssen Sie aber sehr weit verstehen! Das Leiden der Mütter!«
»Kennen Sie dieses Leiden, Sinaïda?«
»Ich kenne dieses Leiden.«

»So sind – so – so waren Sie selbst Mutter?«
Sinaïda fuhr langsam mit der Hand über ihr Haar. Dann sagte sie sehr einfach: »Nein!«
Als ich schwieg, sah sie mich mit in der Ferne beschäftigten Blicken an.
»Nein, ich war niemals Mutter – und – und – ich werde es jetzt auch niemals mehr werden.«
»O Sinaïda!« Ich hätte auf die Knie fallen mögen. Diese Heilige! Ich sagte:
»Alles, alles wird Ihnen in Erfüllung gehen!«
Sie zog ihre Hand zurück, die ich nehmen wollte:
»Nein! Niemals mehr! Ich bin im Vorjahre schwer krank gewesen! Seither ist diese Hoffnung vorbei. Im übrigen die gerechte Strafe.«
»Strafe?«
Sie schloß die Augen:
»Ja und sehr gerecht.«
Plötzlich sagte sie mit leichterer Stimme:
»In zwei Tagen werden Sie einen Revolver abdrücken! Aber ich warne Sie! Klopft es in ihrem Zimmer des Nachts, als wären die Wände hohl? Sind Sie in der Dämmerung auf der Haustiege einem alten Herrn begegnet, der ein trauriges Gesicht macht und dessen Schritte lautlos sind? Meist trägt er einen unmodischen Zylinder. Seine silberne Uhrkette funkelt.«
»Was fragen Sie da?«
»Kennen Sie die Oper ›Freischütz‹?«
Freischütz! Ich hörte dieses Wort. Immer wieder begegnet es mir. Ich sah den Vater vor mir, nicht weißhaarig, nein, mit jenem vergangenen gelben Gesicht.
»Ah! Gewiß kennen Sie diese Oper! Da zielt einer – ich weiß nicht mehr worauf –, aber, er trifft seine Geliebte. Zum Schluß wird alles gut, weil sich der Himmel einmischt. Aber dennoch, die Freikugel wird von den Mächten gelenkt, höhnisch gelenkt von den Mächten, die in unseren Wänden klopfen, die uns auf den Treppen begegnen...«
»Haben Sie Furcht, ich könnte mit der Bombe mein Ziel verfehlen!«
»O schweigen Sie!« flüsterte Sinaïda und preßte den Finger an den Mund. Ihr Blick strahlte irrsinnig: »Auch ich habe geschossen!«

»Sie – Sie?«
Sinaïda schwieg lange:
»Auch ich glaubte die Menschen zu lieben – nein, nicht lieben, sie rächen zu müssen. Ich suchte das eitle Erlöserleiden! Es war damals in Tula. Mich, die neunzehnjährige Studentin, traf das Los der Vollstreckung. Ich sage Ihnen, jener Tag war der schönste Frühlingstag, den man sich nur denken kann. Ich stand zitternd an meiner Straßenecke, und die laue Sonne blendete mich. In der Tasche hielt meine Hand den Revolver umspannt.
Die Uniform des Großfürsten blitzte aus dem Wagen. Neben ihm saß sein sechsjähriges Töchterchen – dieses süße, schöne Geschöpf. O – o – dieses kleine, liebe Mädchen. Ich tötete nicht den Großfürsten, ich – tötete – das Kind!«
»Sinaïda!«
»Schweigen Sie doch! Ich habe für immer *mein* Kind getötet! Gott! Ich hoffe nur eins, daß ich selbst bald zugrunde gehe. Am besten heute noch – heute noch!«
»Sinaïda«, schrie ich auf, »ich liebe Sie für all das, Sie Schöne, Sie Heldin, noch tausendmal mehr!«
Sie trat zwei Schritte zurück. Das erstemal zeigte sich ihr Gebrechen stark.
»Was wollen Sie? – Gehen Sie doch!« rief sie.

Der Abend war gekommen. Wir hatten uns im Keller versammelt. Der Fluß grölte. Die Windlichter umzirkten nur einen kleinen Kreis von Helligkeit. Rund um uns dehnte sich das riesige Gewölbe wie ein unabmeßbares Felsengrab, das Schwamm- und feuchten Moderduft mit unterirdischen Atemstößen aushauchte. Heute sollten wir das letztemal zusammenkommen, denn daß ich als Anarchist angeredet worden war und noch andere Anzeichen ließen ahnen, daß man uns auf der Spur war.
Die peinlichsten Vorsichtsmaßregeln wurden beobachtet; wir alle waren auf hundert Umwegen, um unsere Verfolger irrezuführen, hier zusammengekommen.
Ich saß zwischen Chaim und Sinaïda.
Jeder murmelte leise mit seinem Nachbarn.
Ich hielt die Hand Sinaïdas; sie entzog sie mir nicht: »Alles, was Sie mir heute erzählt haben, zeigt mir, wie viel tiefer im

Leben Sie sind, welch einen Vorsprung Sie vor mir voraus haben. Was war ich denn? Ein kleiner, gekränkter, rachsüchtiger Feigling. Aber jetzt? Jetzt ist mir, als könnte ich tausend Meter hoch springen, fliegen und durch Mauern dringen wie ein Engel. Ich will leiden, jedes Leiden auf mich nehmen, nur um Ihnen zu gleichen!

Sie wissen nichts von mir. Sie wollen gewiß auch nichts von mir wissen. Jetzt aber nehme ich Abschied von Ihnen für ewig. Denn ob es mir gelingt oder mißlingt, ich habe mein Leben fortgeworfen und werde es höchstwahrscheinlich in kurzer Zeit lassen müssen. Aber daß es so ist, erfüllt meine Seele mit Glück. Denn wer bin ich, um Ihnen nahe kommen zu dürfen?«

Sie zog fein ihre Hand zurück und sagte: »Es ist gut, daß wir voneinander Abschied nehmen müssen. Mir fehlt ja alles, das Wichtigste. Wem kann ich noch etwas sein?«

Ich hörte einen Klang in ihrer Stimme, der sich mir entgegenneigte. Und dennoch, alles war so hoffnungslos.

Plötzlich krampfte sich ihre Hand zur Faust.

Sie flüsterte wie geistesabwesend:

»Tun Sie es nicht! Überlassen Sie es Hippolyt, überlassen Sie es Jegor!«

Dann, als wüßte sie nicht, was sie eben gesagt hatte, gleichmütig:

»Ja! Wir werden uns wohl nicht wiedersehen, wir alle nicht. In vier Tagen werden Sie vor dem Untersuchungsrichter stehen – und wir – nun, wir auch, wenn wir nicht sogleich ausgeliefert werden. Doch – es ist gut so! Endlich!«

Eine Hand legte sich auf die meine.

Beschitzer wandte sich mir zu. Seine schweren Tränensäcke, die roten Lidränder gaben ihm ein trauriges und müdes Aussehen:

»In keinem Augenblick der Prüfung, Bruder, vergiß die Sinnlosigkeit des Lebens! Bedenke, daß all unser Treiben, Essen, Trinken, Reden, Schlafen, Spielen der *wahre Tod* ist und daß wir unser Leben erst vom Tode erwecken, indem wir ihn zu einem *gewollten Ziel* erheben und dadurch zum Leben aller Leben machen, reicher an Entzückungen, Freuden, Ekstasen und glückseligen Schmerzen, als nur eine ahnt.

Ich bin alt genug, um zu wissen, daß aller ideologische Hochmut und alle Erlösermühe vergeblich sind. Aber was ist

der Sinn dieses sinnlosen Menschenlebens? Ich sehe nur einen Sinn: niederen Wahn mit höherem Wahn zu vertauschen! Du fragst mit Recht: Was heißt denn das: höherer Wahn? Was ist der Gradmesser allen Wahns? Nun, lieber Bruder Duschek, ich gebe dir zur Antwort: Der Wert eines Wahns nimmt mit abnehmender Dichtigkeit seiner egoistischen Tendenz zu! Das ist doch klar. Im übrigen! Höchster Zweifel bei höchster Illusionskraft ist die Lebenskunst des wahren Genies. Wahnfähigkeit zeigt ein großes Herz, Zweifelfähigkeit einen starken Kopf. Eins ohne das andere ist ekelhaft – ekelhaft sind mir die Illusionisten, was, ich sag's grad heraus, die romantischen Gojim, fast noch ekelhafter aber sind mir die jüdischen Entwerter!«
»Ist, was wir vorhaben, was wir tun, nicht Romantik?«
»Es ist – hol's der Teufel –, es ist trotz allem Hoffnung!«
Noch andere Lehren gab mir der Alte.
»Angst ist immer ein Irrtum! Wiederhole dir diesen Satz mit ruhiger, innerer Stimme immer wieder angesichts der Tat und vor Gericht.
Dieser Satz ist eine Arznei. Er lehrt dich das Leben richtig einschätzen. Was kann dir denn geschehen? Bedenke, daß unsere Natur so gnädig ist, nur so viel Schmerz bewußt werden zu lassen, als sie ertragen kann. – Und das ist gar nicht so viel. Dreiviertel unserer Schmerzen sind Einbildung, daß etwas wehe tut, pure Konzentrationen der Aufmerksamkeit auf eine recht geringe Schmerztatsache.
Das Ticken einer Taschenuhr in der Stille der Nacht oder gar im Traum gleicht den mächtigen Axtschlägen der Holzhacker.
Nicht anders ist es mit unseren Schmerzen, die des Menschen angsterfüllte Aufmerksamkeit übertreibt.
Noch an einen Ausspruch Beschitzers erinnere ich mich:
»Jeder anständige Mensch glaubt an zweierlei: an die Unsterblichkeit des Lebens und an die Geringfügigkeit alles Individuellen. Wie kann also der Tod furchtbar sein, da ja das Leben unsterblich und der Bestand des gerade so und so geborenen Ich weiter nicht wünschenswert ist?«
Und dienen wir der Unsterblichkeit des Lebens, die wir mit unserer Form zu verlieren zittern, nicht am besten, indem wir den *passiven Tod* ausschalten, uns dem unsterblichen Lebens-

strom der Liebe anpassen und einem Menschen oder einer Wahrheit zu Liebe den Tod willkürlich erleiden?
Heroismus ist nichts als höhere Intelligenz.«
Eine Stunde war vergangen. Der Alte erhob sich und gebot Schweigen:
»Die Zeit ist da! Wir müssen Abschied voneinander nehmen und uns in der Stadt und in den Dörfern so gut verbergen als nur möglich. Ob wir ergriffen werden oder frei bleiben, keiner darf vom andern das geringste wissen. Ihr vermeidet es, euch zu begegnen! Einzig und allein *ich* bin es, den ihr an dem bekannten Ort und zur bekannten Stunde aufsuchen dürft. Und nun, genug!«
Schweigend traten wir zueinander, schweigend umarmten wir uns. Ich wußte: Keinen werde ich je wiedersehen.
Sinaïda! Über ihr strenges Gesicht lief keine Träne. Sie stand ganz still. Ihre Augen warteten und zogen, einmal, ganz kurz, zuckte ihr Mund. Sie machte ein Schrittchen nach vorn – langsam –, das erste- und letztemal im Leben neigte ich meinen Mund diesem wahnsinnig zärtlichen Duft entgegen und küßte sie.

Wilder Ruf gellte, grell brach ein Lichtquadrat durch die aufgeklappte Falltüre. Der Schiefäugige schwankte mit seiner Diebslaterne hinab. Keuchend:
»Damn it! Soldiers! Policemen! Fifty, hundred, fivehundred! Run away! Flee! I am lost! Every door is guarded!«
Viele Menschen drängten sich durch die Falltüre, traten aufeinander, fielen die Stiege hinab, kämpften um den Eingang oder kugelten sich auf dem Boden unseres Kellers. Sie glichen im scharfen Licht der Blendlaterne strapazierten Puppen eines Jahrmarkttheaters.
Der Neger in weißem Flanellanzug gebärdete sich wahnsinnig, der Matrose kroch am Boden, der Syphilitiker grüßte gleichmütig und klapperte mit den Goldstücken in seiner Hosentasche. Der Mesner und einige Gespenster jammerten laut.
Verdächtige Paare in unordentlicher Kleidung schlichen verstört umher und hatten noch nicht die Besinnung gefunden, die ausgelöschten Kerzenleuchter, die sie in der Hand trugen, wegzustellen.
Die Männer nestelten nervös an geheimen Knöpfen ihres

Anzuges, die Weiber kreischten roh und schleiften, schlampig breiten Schrittes, die Schnürriemen ihrer hohen Stiefel nach.
Breitspurig, hohnlachend stand der riesige Kerl in Uniform da und kratzte sich ungerührt den Hintern.
Es war ein sinnlos tolles Wirbeln, gedämpftes Jammern und Pst-Rufen!
Eine Stimme: »Die Türe zu!«
Eine andere: »Noch nicht! Es sind noch nicht alle da!«
»Wer fehlt noch?«
»Die Opiumraucher!«
Durch die Falltüre floß das übernatürliche Mondlicht; in dem kraftlosen Strahl tanzten die Stäubchen abgewandter Welten.
Und jetzt geschah etwas Seltsames.
Langsam und mondsüchtig, jeder mit einer kleinen Kerze in der Hand, Abstand haltend im Gänsemarsch, stiegen die Opiumraucher die steile Treppe hinab, allen voran Herr Seebär. Von seinem Zylinder hatte sich der Trauerflor losgelöst und wehte hinter ihm her wie eine Fahne für die anderen.
Jetzt erst, in diesem Verwesungslicht, bemerkte ich, daß die meisten dieser alten Männer Backenbärte trugen, dünn und zerflattert. Die werden, fiel mir ein, an der Totenmaske hängenbleiben.
Endlich waren alle unten.
Keiner muckste. Wie eine Gesellschaft von durch ein Erdbeben aus dem Spital gescheuchten Sterbenden bewegte sich alles im Schein der Windlichter durcheinander.
»Auslöschen«, schrie einer plötzlich. Ich fand Sinaïda und ließ sie nicht von meiner Seite.
Jetzt brannte nur mehr ein einziges gut abgeblendetes Licht.
Es geschah, daß sich alle um mich scharten und mich gleichsam durch stumme Abstimmung zum Führer wählten.
Ja – und das war ich auch!
Niemals vor Soldaten, an der Spitze meines Zuges, selbst wenn ich hinter der Regimentsmusik her durch das Städtchen marschierte, hatte ich mich als Führer gefühlt.
Hier aber war ich Führer.
Entschlossenheit klopfte gleichmäßig in mir. Ich schnallte mir den Säbel um, ordnete bedachtsam die Rückenfalten meines Waffenrocks, zog die Handschuhe an und ließ meinen Blick

über die aufgestörten Schatten schweifen, die mich anrührten wie einen Helfer, einen Retter.
Meine Freunde, die Russen, standen wortlos um das einzige Licht, das kaum einen Strahl hergab. Sie verschmähten es, sich in den Winkeln der riesigen Kellereien zu verstecken.
Sinaïda war in dem Augenblick von meiner Seite getreten, als ich mir, gewiß mit einer allzu ausgreifenden Bewegung, den Säbel umgeschnallt hatte.
Nun stand sie stumm, trotzig und unbestimmt da, während ihr allein das Licht eine schwache, weiße Hand auf die Stirne legte.
Ich erschrak, denn ich sah in der großen Finsternis nichts anderes als diese weiße Hand auf der Stirne der Sinaïda.
Die würdelosen Spieler drängten sich um mich, jammerten, fluchten, prahlten, ebenso die halbbekleideten Dirnen und ihre Gäste.
Mit offenem, zahnlosem Mund, verschwundenen Augen und flatternden Härchen gingen die alten Opiumschläfer einzeln hintereinander immer im Kreis. Ihre schwarzen Röcke, einstmals straff für die weltbeherrschenden Hüften unerbittlicher Bankdirektoren, Theateragenten und Präsidialchefs geschnitten, schlotterten wie zerzauste Rabenflügel um ihre verkrachten Gestalten.
Wie vor einer Front schritt ich auf und ab, ließ meinen Säbel schleppen und sah mir auf die Füße. In diesem Augenblick hatte ich den Zaren, das Attentat, alles vergessen.
Ein wüstes Machtgefühl in mir! Hier! Dies waren meine Leute! Das war meine Armee, meine Truppen, die zu mir gehörten: diese Spieler, Lumpen, Schnapphähne, Zuhälter, Huren, Hurenbolde, Opiumraucher – und auch jene Hohen, Unerschrockenen, die ihr Leben schon hundertmal hingeworfen hatten, die niemals ihrem Leib ein anderes Recht gaben als das, für den Gedanken zu dulden! Und sie, auch sie!
Ja, alle hier waren meine Soldaten! In diesem unterirdischen Reiche, in diesem wahren Hades war ich ihr Feldherr, und ich hielt es nicht mit Achill, der lieber Tagelöhner eines Bauern im Licht sein wollte, als die ganze Schar der abgeschiedenen Schatten beherrschen! Mein Säbel schrillte über die Steinfliesen des Kellers. Keiner wagte es, mir den verräterischen Lärm zu untersagen.

Mit ihnen allen wollte ich *meinen* Krieg führen, es komme, wer da will! Niemand soll sich beklagen, daß ich ein schlechter Offizier sei, auch er nicht, auch er nicht!
Die Stimme Beschitzers wurde laut:
»Ruhe, ihr Leute, Ruhe!«
Die weiße Hand von der Stirne Sinaïdas war verschwunden. Nun lag eine schwarze auf ihr.
Und jetzt hatte jemand das letzte Licht ausgelöscht.
Finsternis! Kein Atemzug. Nur der Chinese wimmerte vor sich hin:
»Soldiers, soldiers!«
Plötzlich donnerten wuchtige Stiefel über die Falltüre. Noch waren wir nicht entdeckt. Die Schritte verschwanden – kehrten wieder – verschwanden.
Jetzt mußte sich unser Schicksal entscheiden.
Fast hatte ich Angst, man könnte die Falltüre nicht finden. Ich dürstete nach einem Kampf. Wenn alles still zu unseren Häupten würde, o, ich könnte es nicht ertragen!
Das Kellergewölbe war groß, führte unberechenbar weit unterm Fluß fort. Zu fliehen, sich zu verbergen, einen Ausgang zu suchen, wäre nicht schwer gewesen.
Keiner aber rührte sich.
Die Herde – ich fühlte es – wartete auf meinen Befehl. (Nur die Russen schienen in der Finsternis abseits zu stehen. Wo war Sinaïda?)
Ich befahl nichts!
Wenn sie doch nur kämen! Wenn sie doch nur kämen! Ein toller Gedanke packte mich. Er wird an ihrer Spitze stehen, der General, der Vater! Ist er denn nicht Korpskommandant der Residenzstadt? Ja, das ist er! Also stellt er zugleich die oberste Instanz aller Garnisoninspektionsoffiziere vor. Es ist klar. Überdies ist er krank und kann nicht schlafen. Kein Mittel hilft ihm mehr. Was bleibt ihm denn anderes übrig, dem Dienstfanatiker, als in der Nacht, gepeinigt von Schlaflosigkeit, aufzustehen, sich an die Spitze der Streifung zu stellen und die Anarchisten auszuheben, denn, ich weiß es, er *ahnt*, er *ahnt* ...
Nie mehr wird die Gelegenheit, unseren Kampf auszutragen, so günstig sein, als heute.
Er muß kommen, er muß, ich fürchte mich nicht, keineswegs, er

muß kommen, höchstpersönlich als General, der er ist! Verflucht! Herzklopfen!
Da! Jetzt stampfte vorsichtig und prüfend ein Fuß auf der Falltüre. – Ein zweites Mal! – Zum drittenmal! – Eiskörner rieselten mir langsam den Rücken hinab. So! Es war geschehen! Die Türe knarrte, wurde aufgehoben, und starkes Licht warf sich über unsere Finsternis.
Sogleich stellten sich Chaim und die Freunde mir zur Seite. Ich fühlte Sinaïda.
Es waren etwa zehn Polizisten und ein Zug Infanterie, die Bereitschaft einer Kaserne, welche eindrangen und uns im Kreis umstellten. Das Militär stand Gewehr bei Fuß, die Polizei mit offenen Revolvertaschen.
Erst viel später stiegen schwatzend, Zigaretten rauchend, Offiziere die Treppe hinab. Ihnen folgten einige Gendarme mit Laternen und elektrischen Taschenlampen. Ein Major und zwei Hauptleute – die uns ohne viel Erstaunen betrachteten und noch immer die Zigaretten nicht fortwarfen. Unwillkürlich waren alle Eingeschlossenen hölzern und gleichgültig zu Automaten geworden. Nur der riesige Uniformierte, der erst noch so frech sich gespreizt hatte, nun lag er, wie fortgeworfen, unterm Tisch. Die Greise hatten ihren mysteriösen Rundgang unterbrochen, sie blinzelten und verstanden vom Ganzen nichts.
Ich selbst hatte im Kopf das unangenehme Gefühl, als müßte mir jeden Augenblick ein Stein gegen den Schädel sausen.
Endlich unterbrach der Major das Gespräch mit seinen Begleitern, trat in den Kreis, den die Bewaffneten bildeten, und schrie:
»Sie alle sind verhaftet. Es hat sich keiner zu bewegen. Ich werde jeden einzeln herausrufen! Er hat seine Personalien dort dem Feldwebel zu diktieren. Also vortreten! Verstanden? Keiner muckst!«
Da ließ ich meinen Säbel gelassen über die Steine scharren und trat gleichmütig dem buschbärtigen alten Offizier entgegen.
»Herr Major haben hier niemanden zu verhaften!«
Als ich das so nachlässig näselte, wunderte ich mich sogleich, daß ich es nicht fertiggebracht hatte, die dritte Person des militärischen Respekts zu vermeiden.
Der Major jappte blutrot:
»Wer sind Sie?«

»Leutnant Duschek! Und diese Leute hier stehen unter meinem Schutz!«
»Schutz – Schutz – so was – Schutz – Frechheit«, brüllend, »Sie haben selber Schutz nötig! Sie – Sie – Sie – Sie – wie heißen Sie?« Er stülpte seine Ohrmuschel vor.
Ich schrie nun meinerseits, die militärische Vorstellungssitte aufs gröblichste verletzend:
»Duschek ist mein Name, wenn Sie's wissen wollen!«
»Psia krew! Was tun Sie hier – Sie – was haben Sie hier zu suchen – Sie – zu reden – Sie?«
Ich brachte langsam mein Gesicht ganz nahe an das seine, sah ihm in die aufgerissenen Augen:
»Das geht Sie gar nichts an!«
Der Major trat glucksend hinter sich. Jetzt hingen ihm die Augäpfel aus den Höhlen:
»Wa – wa – was? Rebellion! Auflehnung! Insubordination! Dienstreglement Seite – Seite –! Zugsführer Vojtech, Grillmann, Kunz, Schtjepan, den Leutnant abführen, den Herrn Leutnant führen Sie ab! Oben warten! Sofort!«
Die aufgerufenen Soldaten wollten sich mir nähern.
»Niemand wagt mich anzurühren!« Ich sagte das ruhig und ohne viel Stimme.
Die vier blieben stehen.
Major stöhnte:
»Ich degradier' – ich degradier'! Dienstbuch! Abführen, ihr Hunde! Abführen!«
Die beiden Hauptleute machten einige unwillige Schritte mir entgegen.
Da krachte ein Schuß, peitschte dicht über den Kopf des Majors und fuhr irgendwo in die Mauer. Hippolyt stand mit erhobenem Revolver da.
Sogleich riß einer der Hauptleute seine große Dienstpistole aus der Tasche.
Die Kugel pfiff nur ganz kurz. Wankte Sinaïda? Ich sah sie. Von ihrer Stirne war die schwarze und die weiße Hand verschwunden. Mehr sah ich nicht.
Fort mit dem Säbel! Ich warf mich auf den Major. O wie das wohltat, diesen Hals zu würgen! Wo war Sinaïda? Konnte sie mich sehen? Merkwürdig!
Dieser dicke Major wurde immer dünner, geringer, der Hals

immer wesenloser, wesenloser – was soll das? – der ganze Kerl ist ja ein grobes Taschentuch, das ich hin- und herschwenke...
In diesem Augenblick traf mich der Kolben, und ich verlor die Besinnung.

Ich erwachte nach einem tieferquickenden, fast möchte ich sagen gesunden Schlaf auf der Inquisiten-Abteilung des alten Garnisonsspitals.
Hinter den vergitterten Fenstern unerhörtes Blau eines Sommermorgens! Ganz leicht nur schmerzte mich der Kopf. Die Beule, die ich mit der Hand abtastete, schien gar nicht allzu wesentlich. Nirgends Blut!
Mein erster Gedanke war:
»Der *wievielte* Mai ist heute?«
Ich strengte mein Gehirn an, zu ergründen, wann das alles sich begeben hatte, was hinter mir lag. War der Zar schon abgereist? Regierte er überhaupt noch?
Und Sinaïda? Ist etwas geschehen? Angst wollte nicht glauben, daß etwas geschehen sei.
Mit ganz leichten, doch unsicheren Gliedern kleidete ich mich an. Den Säbel hatten sie mir weggenommen, oder hatte ich ihn selbst fortgeworfen – wann – damals – gestern?
Nun stand ich auf meinen Füßen.
Übermäßig durchströmte mich Beseligung. Ich trat ans Fenster, zu diesem armen, vergitterten Loch, das man in die dicke Mauer gebohrt hatte.
Dennoch überwältigt: »Blauer Himmel! Blauer Himmel!«
Oh, ich begriff ihn, Christus, den so unbegreiflichen, ich begriff ihn. Du selig schlauer Genießer du! Für die Menschheit sterben! Das glaube ich! –
Plötzlich sah ich eine Konditorei vor mir. Der Ladentisch biegt sich unter der Last von Schaumrollen. Die Generalin in dem neuen schönen Kostüm meiner Mutter schwelgt im Genusse der Näschereien. Ihre gefärbten Haare sind hochauf onduliert. Sie zeigt eine verschrumpfte Zungenspitze, an der ein Tropfen Schlagsahne hängt. »Christus – Christus, exzellent, exzellent«, lispelt die Generalin und bekreuzigt sich.
Ich rieb mir die Augen. Wie wild du doch spielst, Phantasie! Und dieses Gefühl von Größe und Aufopferung in meinem Herzen!

Was war nur mit Sinaïda gestern? Wie sieht sie denn aus? Ich konnte und konnte mich nicht besinnen!
Jetzt sah ich mich in der Stube um.
Fünf Eisenbetten standen an den Wänden. Über jedem Bett hing eine schwarze Kopftafel. Was war das? So viele Tafeln ohne chemische Formeln?
Und dann, diese Betten! Das war ja wie im Institut, da standen zehn Eisenbetten in jedem Zimmer. Zehn eiserne Schlafkerker – aber sie waren viel, viel kleiner –, natürlich, wir sind ja damals noch Knirpse gewesen.
Pfui Teufel! Wie kann man denn nur Kinder, die doch so sehr gesunden Schlaf brauchen, des Nachts in solche Kotter sperren?!
»Das muß anders werden«, schrie ich wütend. Da erwachte einer und wälzte sich auf seinem Bett. Es war mein einziger Nachbar hier in diesem Zimmer. Ich war ja immerhin noch Offizier und durfte deshalb in einem schwachbelegten Extrazimmer liegen.
Der Mann seufzte, versuchte von neuem einzuschlafen, stöhnte qualvoller, setzte sich endlich auf, jammerte vor sich hin:
»Nicht einmal Ehrenrat, nicht einmal...«
Ich trat an sein Bett.
Was war nur mit meinem Kopf?
»Nachbar«, erklärte ich, »wir müssen niedrige Illusionen gegen höhere Illusionen eintauschen, aber ohne Illusionen geht es einmal nicht ab.«
Er wurde wütend und spuckte aus. Dennoch erzählte er mir später seine Geschichte.
Als Hauptmannrechnungsführer, der er war, hatte er Geschäfte mit ärarischem Gut gemacht.
»Wer tut das nicht? Aber den Schuften kommt man nicht darauf. Immer saust nur der anständige Mensch herein. Niederträchtig ist das Urteil. Zwei Jahre Garnison!
Und was dann? Was soll ich mit der Familie tun? Fünf unmündige Köpfe! Denn die Frau ist strohdumm und hochnäsig, eine richtige Generalstochter! Ah, die Gute, die Gute! Sie wird mich nicht mehr achten können. Und ich? Nicht einmal als Offizial werde ich mehr unterkommen. Mein Gott, mein Gott!«
Ich setzte mich zu ihm, streichelte seine Hand.

»Sie werden *leben!* Das ist herrlich. Ich aber werde *sterben.* Das ist herrlicher. Ich möchte nur wissen, ob das Gesetz den Galgen vorschreibt, oder ob einfach ein Detachement kommandiert wird: ein Offizier, ein Profos, sechs Mann, zwei Spielleute! – Dann an die Wand mit mir! Ein wenig seitab der aufgeklappte Sarg, den der Regimentsarzt abklopft, als wäre es ein Patient. Und dann, gut! Die Binde ums Aug', aber ich bitte mir eine seidene aus. – Das wäre mir viel lieber als die peinliche zivilistische Zeremonie. Ich freue mich, mein Wort, ich freue mich darauf! Oh, es ist ein Opfertod, sagen Sie nichts, es ist ein willkürlicher Opfertod! Soll ich Ihnen ein Geheimnis verraten? Ich flehe Sie an: Lachen Sie nicht!
Was die Menschen Verbrechen nennen, es ist eine mystische, höhere Art der Anbetung Gottes!«
Ich redete sinnlos. Der Rechnungsführer ward böse, drehte sich zur Wand, brummte: »Kusch, Narr!«
Mittags fand ich in meinem Brot, als ich es aufschnitt, diesen Zettel, der die Handschrift Beschitzers trug.
»Gräme Dich nicht! Deine Tat erübrigt sich. Er, N(ikolaj) A(lexandrowitsch) R(omanow), hat seinen Besuch abgesagt. Ich bin dank der Organisation befreit worden. Auch Du fürchte nichts! Sei schweigsam, laß Dich nicht überrumpeln, sie wissen gar nichts Rechtes. Mein Herz ist sterbensmüde.«
Ein Wort noch stand auf dem Zettel, es war aber ausgestrichen, mit einem dicken Strich ausgestrichen; das Wort: Sinaïda!
Ich zündete ein Zündholz an und verbrannte langsam das Papier.
Ihr Name ist ausgestrichen vom Zettel des Lebens. Es ist klar, sie ist tot! Sie ist tot! Diese Fremde, sie stand in Tula an einer sonnigen Straßenecke im Frühling. In Tula, oder war es in Thule? Wer weiß das? Sie schoß und traf ein Kind, ihr Kind. Es war eine Freikugel! Wie sah sie denn aus? Ich weiß nicht. Doch! An den Mund und an ihren Duft erinnere ich mich. Ihr Mund war müde herabgezogen, aber ihr Duft war stark und wild. Und dann, o Gott, ich war, ich bin verliebt in ihr leises Hinken, in diese süße Gebrechlichkeit. Was ist mit ihr? Ist sie tot? Ah, das steht nirgends. Aber auf dem Zettel, der eben verbrennt, war ihr Name ausgestrichen. Sie ist tot. Doch warte nur! Auch ich werde sterben, auch ich, bald, bald.
Tremolo sublimer Geigen in meiner Seele! Das göttliche

Schlußduett aus Verdis ›Aïda‹! O ruhige, ungebrochene Wehmut der starken Herzen vor dem Unabwendbaren:

> Leb wohl, o Erde, o du Tal der Tränen,
> Verwandelt ist der Freuden-Traum im Leid.

Ich bin ja kein Mensch, ich bin ja nur ein Saitenspiel. Niemals konnte ich so recht über Menschliches, immer und jedesmal über Musik weinen! Meine Tränen machten mich magisch und magnetisch, mich Verstoßenen und Häßlichen, dessen Gesicht schon in der Schule niemand leiden mochte.
Ja, ich wollte auch nichts Menschliches für mich. –
Aber ein Zauberer sein! Unsichtbar nachts, mit riesigen Rabenflügeln über die Städte der Menschen fliegen, auf Bergen ruhen in der Morgenröte, gefalteter Fittiche mit unterschlagenen Beinen auf Wiesen von Thymian und Alpenrosen sitzen, ewig einatmen den heiligen Duft der Zyklame. Dann aber sich wieder erheben, langsamen Fluges in Abgründe und Schluchten starren, wo die fernen Schleierfälle des Gebirges sausen! In der Gestalt des Nachtfalters, wenn der Mond scheint, durchs offene Fenster in die Wohnstuben der Familien schwirren, um die Lampe taumeln, wenn der kleine Kadett (es sind ja Ferien) seine Fleißarbeit anfertigen muß, und sein Vater, der Hauptmann, den Zigarettendampf durch die Nase stößt. Böses bringen den Bösen, Gutes bringen den Guten, allen Kindern Gutes bringen ...
Die Mittagssonne gitterte noch immer auf dem schmutzigen Spitalboden. Ich aber schwebte als Zauberer über meinem Bett – und schlief ein, schlief den ganzen Tag, schlief die ganze Nacht und noch länger.
Am nächsten Tag wurde ich, nach der ärztlichen Visite, dem untersuchenden Auditor im Garnisonsgericht vorgeführt.
Aus seinen Fragen erkannte ich sogleich, daß er von dem Anschlag auf das Leben des Zaren keine Ahnung hatte.
Mir selbst kam in keinem Augenblick der Gedanke:
»Hat Chaim phantasiert, ist die Zarenreise eine Erfindung gewesen?«
Während des Verhörs kristallisierten sich drei Anklagepunkte:
1. Umgang mit hochverräterischen und staatsgefährlichen aus- und inländischen Individuen.
2. Verbrechen der Insubordination.

3. Tätliche Mißhandlung eines Höheren.
Der Auditor schüttelte ununterbrochen den Kopf:
»Ein Duschek von Sporentritt! Wie ist das möglich? Ich begreife Sie nicht. Wie konnten Sie sich so vergessen!«
Er wollte mir helfen:
»Nicht wahr, Sie waren in N'dorf beim Heurigen. Gut! Man ist jung, man will sich amüsieren – aber ein honetter Mensch – das sollten Sie wissen – legt bei solchen Anlässen des Bürgers Kleid an.
Sie haben eins über den Durst getrunken. Na, auch das verstehe ich! Auf dem Heimweg, nicht mehr ganz Ihrer selbst sicher, geraten Sie an ein Mensch.
Was?
An eine Prostituierte meine ich natürlich. Das muß aber eine von der saubersten Sorte gewesen sein. Das Weib zieht Sie in das ›Hotel zum Loch‹, wie es in der Gaunersprache heißt, in dieses Haus, wogegen jedes Bordell ein adliges Damenstift ist. So etwas! Wissen Sie denn eigentlich, wo Sie sich befunden haben? Unter dem schwärzesten Gesindel, unter Banditen und Nihilisten, unterm Abschaum, in der Kloake nicht dieser Stadt allein, sondern aller Metropolen der Welt.
Pfui Teufel! Sie wollen sich – nochmals Pfui Teufel – gerade mit ihrem Mensch, wie soll ich mich nur ausdrücken, zur Ruhe begeben – da weckt Sie die Pfeife dieses chinesischen Gauners, dem man schon dutzendmal das Handwerk gelegt hat; aber der Schuft ist amerikanischer Staatsbürger. Also das Gepfeife weckt sie aus Ihren so süßen Träumen, ›Streifung‹, weiß Ihre Dame sogleich und schleppt Sie zugleich mit all den anderen in den Keller hinunter.
Und in Ihrer Volltrunkenheit vollführen Sie dann diesen unerhörten Exzeß, der Ihnen die goldenen Sterne kosten wird, mein Lieber, jawohl, mindestens die goldenen Sterne!
Also, jetzt fassen Sie sich! Ich werde, was ich Ihnen hier geschildert habe, denn anders kann es sich ja gar nicht abgespielt haben, zu Protokoll nehmen. Ich werde Ihnen jedes Wort vorsprechen. Unterbrechen und verbessern Sie, wo Sie nur können. Sind Sie einverstanden?«
»Herr Auditor, ich bin nicht einverstanden!«
»Was, Sie sind nicht einverstanden? Himmelherrgottsdonnerwetter! Waren Sie betrunken? Ja oder nein?«

»Nein!«
Der Auditor wurde eisig dienstlich! Er nahm ein Blatt Papier und setzte den Bleistift an:
»Was haben Sie mir also zu sagen?«
Ich schwieg. Er stampfte ungeduldig mit dem Fuß:
»Ich warte!«
»Ich bitte für heute das Verhör zu unterbrechen!«
»Gut! Wie Sie wollen! Ich hatte zwar die Absicht, Sie vorläufig Ihrem dermaligen Kommando zur Verfügung zu stellen. Es ist auch ein besonderes Dienststück gekommen. Aber – Sie wünschen es selbst anders. Ich danke!«
Die Ordonnanz trat ein. Ich wurde abgeführt.

Auf den Korridoren des Spitals schlichen die armen Bauernjungen, mit den unreinlichen Krankheiten des Soldatenstandes behaftet. Sie hatten blauweiße Lazarettmäntel an und pafften ihren Kommistabak.
Manche waren darunter, denen ich es ansah, daß sie aus dem letzten Loch pfiffen. Wie hatte man nur diese Jammergestalten assentieren können?
Doch, wer hatte danach gefragt, als ich assentiert worden war, damals, wo ich noch in die Volksschule gehört hätte.
Aus der »geschlossenen Abteilung«, der Überwachungsstätte für Geisteskranke, brach großer Lärm. Die gepolsterte Türe wurde aufgestoßen, und zwei Wärter führten einen halbnackten Mann über den Gang, der heftig brüllte und Grimassen schnitt. Als er meiner ansichtig wurde, blieb er stehen und hielt mit einem mächtigen Ruck auch seine Führer zurück.
»Herr Leutnant«, es war ein gurgelnder Dialekt, »Herr Leutnant, Herr Leutnant – i bin Luther, ob S'wollt's oder net! Herr Leutnant, i bitt ghorsamst, Sö sulln's glaubn, sunst Sakra! I bin Lutta und i mog kan heilen Vatta nöt habn. I mog kan heiln Vatta nöt!«
Die Wärter rissen ihn fort. Lange noch hörte ich ihn heiser lamentieren: »Kan heiln Vatta!«
Vor der Türe meines Zimmers, das abseits lag und vor dem der Gang durch ein Gatter abgeteilt war, verließ mich der Wachtposten und fing an, eintönigen Schrittes auf und ab zu patrouillieren.
Wollte ich ein Bedürfnis verrichten, nahm er mich wieder in

Empfang, führte mich zum Retirat und wartete vor dem Eingang.

Auf der offenen Latrine saßen im Kreis die Männer und verrichteten ihre Notdurft.

War das möglich? So oft bin ich in den Kasernen an den Mannschafts-Aborten vorübergegangen und hatte das nicht bemerkt. Alles mit allen teilen, Mahlzeit, Schlafraum, und selbst dies hier offen verrichten *müssen*, welch eine Entwürdigung des Lebens! – Und Sinaïda? – Auch sie war in den Gefängnissen Rußlands gewesen!

Wo ist sie? Lebt sie? Oder liegt ihre geheimnisvoll geliebte Gestalt in irgendeiner schäbigen Totenkammer? Vielleicht gar auf Eis, denn solche Leichen kommen auf die Anatomie, in die Menschenlatrine der Großstädte.

Oh, ich war voll Stolz, während ich solches dachte!

Was ist denn der Tod? Ich bestehe auf ihn. Ich lasse mich nicht von ihr, von niemandem lasse ich mich beschämen. Und jetzt! Jetzt wollen sie mich um den Tod bringen, mich zu einem Verbrecher dritter Klasse, zu einem Besoffenen, zu einem Exzedenten degradieren! – Ich lasse mich aber nicht betrügen.

Nicht mehr will ich als ein Schulbub vor den Vater treten, als ein Kadettlein, das für jede Ohrfeige erreichbar ist, ja zu dem er sich noch niederbeugen muß, um ihm die Tachtel zu versetzen. Nein, meinen Kopf soll er gar nicht sehen, so hoch wird der in den Wolken stecken! Ich will gestehen und sterben! Ich bin bereit!

Der Hauptmannrechnungsführer war des Morgens schon aus dem Zimmer weggebracht worden. Nun gehörte der große Raum mir ganz allein. Der Arzt hatte heute sich recht lange mit mir befaßt, den Schädel abgetastet, meine Augen, meine Kniereflexe untersucht und am Schluß die Frage gestellt, ob ich durch keine Magenübelkeiten gequält werde, nicht Ohrensausen und Gesichtsstörungen verspüre? Nein, nein! Dies alles nicht! Im Gegenteil! Meine Beine schlenkerten und tanzten in den Gelenken. Ich fühlte mich leicht, göttlich leicht! – Und dann dieser neue, nie gekannte Enthusiasmus in meiner Seele. Den aber verschwieg ich klüglich dem Doktor. Ich allein genoß ja diese Erhabenheit, diese Stromschnelle der Gedanken. Immer ging ich auf und ab, es waren Wolken, auf denen ich ging.

Ich werde ihm gegenüberstehen und die Wahrheit sagen. Was ist Wahrheit, fragt wohl Pilatus. Ich aber weiß wenigstens, was die Wahrheit ist, für die ich sterben will. Ach, nicht das, was alle Menschen glauben werden. Kein kleines Geständnis, etwa, daß man den Zaren ermorden wollte oder die tote Sinaïda liebt. (Ist sie tot? O Gott!) Anders ist *meine* Wahrheit.
Ich werde diesem General, diesem Vater sagen ... Was denn? Nun, die Wahrheit.
Ich werde solche Sätze zu ihm sprechen: Der Himmel ist blau. Schwalben schießen durch die Luft: Nachtfalter fliegen ins Licht. – Das sind meine Wahrheiten, und wer sie erkennt, muß sich ja auf die Erde werfen vor zielloser Liebe.
Ja, ihr habt mich alle verstoßen, weil ich häßlich bin und ein recht mittelmäßiger Offizier, da hielt ich mich an die Gaststube der Frau Koppelmann und überließ mich der Führung eines Taubstummen. Und ich trat unter die Lumpen, die Opiumraucher und die Heiligen.
Das tat ich, weil es mir nicht gefiel, am Sonntag mit meinem Herrn Vater auszureiten, mit ihm, der mich immer so böse traktiert hat, wenn ich vor ihm beweisen wollte, daß auch ich Wer bin! Und nun soll er selbst krank sein!
Aber gleichviel!
Die Lumpen und Heiligen, sie sind ein durchsichtiger Nebel für mich, und jetzt sehe ich hinter diesem Opiumrauch überwältigt die geschaffene Welt.
Ja, ich sehe sie, die Wahrheiten, für die ich sterben will: Der Himmel ist blau! Die Schwalbe fliegt. Nichts anderes will ich ihm sagen. Er aber wird sich wehren:
»Die Schwalbe fliegt«, sage ich.
Er schreit den Adjutanten an:
»Bringen Sie den Akt Nummer soundsoviel!«
Aber meine Wahrheit wird die Akten und Dienststücke von seinem Tisch fegen, und ich werde siegen – siegen!
Traumlos und schwer schlief ich auch diese Nacht.

Am frühen Morgen des nächsten Tages (es war der 30. Mai) ahnte ich schon, daß ich in wenigen Stunden vor meinem Vater stehen würde. Ich putzte mir die Knöpfe blank, bürstete meine Stiefel und verwendete große Sorgfalt auf meinen Anzug.
Eine große Ruhe hatte sich meiner bemächtigt.

Noch immer war ich fest entschlossen, »die Wahrheit zu sagen« – jene Wahrheit, unter der ich mir selbst nichts Bestimmtes dachte.
Aber ich war voll Hoffnung. *Heute* mußte mich der Vater verstehen, dessen war ich sicher; ich fühlte mein Wesen von einer seltsamen Würde verklärt, gegen die auch er ohnmächtig sein würde.
Wie jung und unmündig war doch diese alte Existenz, diese recht steifbeinige Exzellenz, mein Vater?
Immer nur in Kanzleien sitzen, an der Tête reiten, Front abschreiten, Defilierung rechts, nachlässig den gebogenen Zeigefinger an die Kappe heben, Untergebene abkanzeln, Vorgesetzten stramm den Vortritt lassen, Sporenklappern, Hackenklappen, Zigaretten rauchen – ist das Leben?
Und ich?
Ich bin an der Queue marschiert, ich habe den Troß erlebt, Antlitz und Schritt Sinaïdas, ich bin in Katastrophen gestanden!
Oh, um ein Weltalter war ich älter als der Vater, dieser Abkömmling einer primitiven Zeit, dieser Berufssoldat comme il faut, diese Blase, aufgeworfen vom militärischen Reglement.
Man sagt, daß die Welt altert, daß die Zeit immer älter wird! Und die Väter, Geschöpfe der Welt und Zeit, die noch jünger, ungealterter ist, gelten für älter als die Söhne, die einer schon gealterten Welt und Zeit entstammen.
Das Alter der Person und das Alter des Universums stehen also in einem merkwürdigen Widerspruch.
Wie alt bin ich doch mit meinen fünfundzwanzig Jahren! Und gerade deshalb! Meiner höheren Gereiftheit wird er nicht widerstehen können.
Die Katastrophe verwandelt sich in ein Versöhnungsfest, trotz alledem – und dann, dann habe ich meinen Frieden mit der Welt gemacht und will den Tod des Königsmörders sterben, ihr nicht mehr nachhinken, werde alles gestehen, alle Vorbereitungen, die Bombe vorweisen...
Ein Offizier holte mich ab.
»Herr Leutnant, machen Sie sich fertig! Wir müssen zum Korpskommando fahren, auf Befehl Seiner Exzellenz, Ihres Herrn Vaters!«

Trotz der Hoheit, die ich über mir ruhen fühlte, schrak ich wild zusammen.
Das Wort »Befehl« hätte mich fast vergiftet. Der bittere Geschmack meiner Kindheit war mir im Mund. Fassung! Ich hätte mir gewünscht, gefesselt zu sein! Statt dessen salutierten mir auf Gängen und Stiegen alle Soldaten mit schroff erschrockenen Rucken.
In der rumpelnden Droschke ergriff mich plötzlich Unbehagen. Wie wenig paßte doch diese Uniform zu mir! Und warum hatte ich dunkelbraunes Haar? Glatte, blonde Strähnen gebührten mir, ein Havelock von Kamelhaar, Sandalen, kurz die Kleidung, wie sie die Naturmenschen, die Vegetarier, die Wüstenpropheten und die ganz Befreiten tragen, die licht erhobenen Auges ruhig das Gerassel und Getümmel der großen Plätze überqueren.
Wir waren angekommen und stiegen aus. Ich machte lange, langsame Schritte, als würde eine Kutte mir um die Knie schlagen! Mein Begleiter sah mich von der Seite wie einen Verrückten an.
Das Haus quirlte von Geschäftigkeit.
Angstgepeitscht liefen Unteroffiziere auf und ab, eilten durch die langen Korridore, klopften an mächtige Türen mit nichtig devoten Fingern. Offiziere schimpften wie immer, Posten schritten übernächtig und mit nüchternem Magen in den Höfen auf und nieder.
Mir war's, als müßte ich sie alle, alle zu mir rufen, denn mein Amt war es ja, *Versöhnung* zu bringen. Wenn ich dieses Haus verlassen werde, wird keiner mehr haßerfüllt verhaßten Befehlen gehorchen, keiner mehr auf offener Latrine sitzen müssen.
Der Offizier stieß mich an: »So salutieren Sie doch!«
Ich hatte einen vorübergehenden Major nicht gegrüßt.
»Auch das wird aufhören«, sagte ich.
Der Offizier starrte mich entsetzt an, dann wandte er hoffnungslos den Kopf ab.
Wir mußten sehr lange warten.
Drei Tage hatte ich fast nichts gegessen. Mein Leib war wie ohne Materie, ein Schweben fast, eine Lauterkeit, die mir Freude machte. Mir fiel Beschitzers Ausspruch ein:
»Alle Angst ist Irrtum.«

Ich wiederholte diesen Satz immer wieder, denn irgendwo in einer antipodischen Landschaft meiner Selbst war ein Rest von lauernder Unruhe übriggeblieben.
Dennoch! Ich war bereit, mochte kommen, was da wollte. Für mein Gefühl – das ist keine Floskel – hing das Schicksal der Menschen von dieser Stunde ab.
Plötzlich aber wurde mein Kopf übermäßig klar.
Der Adjutant kam, grüßte kurz, richtete einige Worte an meinen Begleiter, der sich entfernte – und ich stand im Zimmer meines Vaters.
Er saß an seinem Schreibtisch und schien zu arbeiten. Zwei Stabsoffiziere hatten sich hinter ihm postiert, kurz auf seine Fragen zu antworten, die er noch lange nicht unterbrach.
Ich verschränkte die Arme auf den Rücken, wie es Gelehrte tun, senkte den Kopf und wollte langen und langsamen Schrittes vorwärtsgehen.
Der Adjutant hielt mich am Arm fest und deutete auf eine Stelle nahe der Türe:
»Nein! Hier bitte!«
Er zischte das.
»Nur keine Umstände«, glaubte ich zu sagen, aber ich sagte nichts.
Weitschweifig drückte der General seine Zigarette aus und erhob sich.
Er war bräunlich, trotz der apoplektisch violetten Flecken auf seinem Gesicht; schien schlecht geschlafen zu haben. Die Hand, in der er die Reitgerte hielt, zitterte.
Ich stellte mit Absicht einen Fuß vor den anderen und machte keine Meldung.
Der General stand vor mir, wartete und gab es dann mit einem bösen Verkneifen der Augen auf.
Jetzt stemmte er die Faust in die Hüfte:
»Leutnant Duschek! Sie sind ein Schandfleck der Armee!«
Ich dachte vor mich hin: Sinaïda! Mein Mund war offen, und ich fühlte fast ein Lächeln.
»Lachen Sie nicht, lachen Sie nicht!«
Es war eine dumpfe, kaum beherrschte Stimme, die das sprach.
Ich sah, wie die Hand mit der Gerte zitterte. Der General holte schwer Atem. Sein Schnurrbart war glänzend aufgefärbt, aber sein Scheitel nicht so ordentlich wie sonst.

»Leutnant Duschek« – die gleiche merkwürdig unsitzende Stimme –, »beantworten Sie mir folgende Fragen: Haben Sie mit sub-ver-siven Individuen verkehrt?«
»Diese subversiven Individuen sind heilige Menschen. Ich habe mit ihnen verkehrt.«
Der General schluckte mehrmals. Jetzt zitterte auch seine andere Hand. Er wandte sich um. Die beiden goldenen Krägen kamen auf Zehenspitzen näher. Endlich hatte er sich von meiner Antwort erholt. Wieder diese Stimme, so ganz und gar ungewohnt!
»Sie leugnen nicht. Gut! Weiter! Haben Sie in betrunkenem – Zustand – den Befehlen eines Höheren, des Herrn Majors Krkonosch Widerstand geleistet? Antworten Sie!«
»Ich habe vollkommen nüchternen Bewußtseins vor einem bübischen Überfall Menschen geschützt, die dieses Schutzes wert waren. Den Anführer dieses Überfalls, mag es Herr Krkonosch oder ein anderer gewesen sein, kannte ich nicht!«
Der General schlug mit dem Fuß einen unheimlichen Takt und beschaute sehr lange seine Fingerspitzen. Als er wieder aufsah, war sein Gesicht in das eines Schwerkranken verwandelt.
»Gut! Auch das leugnen Sie nicht. Nun, die letzte Frage: Gestehen Sie, an einem Höheren, eben dem Herrn Major Krkonosch, sich tätlich vergriffen zu haben?«
»Ja! Ich habe diese Handlung in einem Augenblick der äußersten Erbitterung begangen, denn durch den Überfall dieses Mannes kam es zu einer Schießerei, bei der – vielleicht – Blut geflossen ist!«
»Leutnant Duschek, Sie bekennen sich hier drei schwerer Verbrechen gegen den allerhöchsten Dienst schuldig!«
Ich richtete mich auf. Jetzt wollte ich die große Wahrheit sagen:
»Vater!«
Der General trat einen Schritt zurück; dieses Wort erst hatte ihn um die ganze Fassung gebracht. Er herrschte mich an:
»Was soll das?«
Jetzt hatte ich schon meine wachsende Gehässigkeit zu überwinden. Warum schickte er die zwei Tröpfe dort nicht weg? Nochmals:
»Vater!«

Auf einmal war der General kalt und ruhig. Die Gerte zitterte nicht mehr.
»Im allerhöchsten Dienst gibt es nur Dienstes-, keine Verwandtschaftsgrade.«
Allerhöchster Dienst! Allerhöchster Dienst! Dieses Wort kroch mit tausend Würmern durch meine Seele. Ach, ich verstand ihn! Jetzt hatte er sich wieder in seine Rolle gefunden. Jetzt wieder war er der starre Römer und Spartaner, den zeitlebens zu spielen so bequem war. Haß fraß sich in mir weiter und weiter. Dennoch zum drittenmal, doch sehr leise, sehr leise:
»Vater!«
Nun aber hatte er wieder Oberwasser. Der Schreck von vorhin war aus seinem Gesichte gewichen, das seine alte Maske annahm. Gemessen und von der Ferne des Polarsterns schnarrte er mit den unklaren Vokalen der militärischen Sprechart:
»Leutnant Duschek! Ich befehle Ihnen im Namen des allerhöchsten Dienstes, diese Ausdrucksweise zu unterlassen!«
Zertreten, besiegt, wie immer! Es schlug über mir zusammen. Speichel war Gift, jede Haarwurzel Wunde. Ich sah in eine von gelben Kreisen durchtanzte Finsternis.
Mit aller Kraft schrie ich:
»Ich scheiße auf deinen allerhöchsten Dienst!«
Der General taumelte zurück. Die beiden Majore stützten ihn. Er fand keinen Atem, stieß einen unsagbaren Laut aus. Plötzlich stürzt er sich auf mich. Ich sehe nicht mehr das Gesicht eines kaltsinnig beherrschten Truppenführers, ich sehe das schmerzverzerrte Gesicht eines geschlagenen Vaters, ich sehe mehr noch, jetzt...
In diesem Augenblick traf mich breit über die Backe, dicht unterm Auge, der Hieb seiner Reitpeitsche!

Das erste war, daß ich sinnlos vor Schmerz die Hände vors Gesicht hob. Nach und nach, wie sich das Blut in die zerrissenen und gequetschten Gewebe wieder ergoß, verwandelte sich der unerträglich beißende Schmerz in ein etwas erträglicheres Brennen und Glühen. Besinnung kam und mit ihr grenzenlos die Wut.
Der General hatte die Gerte fallen lassen. Er keuchte und bohrte beide Fäuste gegen das Herz. Es schien ihn ein Krampf gepackt zu haben.

Ich sah das, wurde ganz kalt, schützte meine Wange mit dem Taschentuch und verließ, von keinem gehindert, Zimmer und Haus.
Auf der Straße straff ausschreitend, wie bei der Parade:
»Wenn nur niemand das Schandmal auf meinem Gesicht sieht! Übrigens ist das gleichgültig! Aber jetzt, zum erstenmal im Leben, bin ich Offizier! Offizier! Ja, Offizier! Ich muß Genugtuung haben. Ich werde mich mit ihm schlagen, mag auch die Welt darüber verrückt werden! Mein Gesicht brennt! Meine Wange brennt! Ist, was ich vorhabe, der richtige Weg? Ich weiß es nicht! Nur kalte und klare Entschlossenheit!«
Stumpfsinnig verfolgten mich die letzten Worte ununterbrochen: Kalte und klare Entschlossenheit. Der Schmerz peinigte. Kein Gedanke!
Ich stand auf der Landstraße, die längs des Stromes führt. Weit draußen, fast in der Nähe jenes Hauses. Ich mußte besinnungslos eine Stunde und mehr gewandert sein. Wie kam ich hierher?
»Kalte und klare Entschlossenheit«, befahl ich mir selbst. Wo hatte ich diese Phrase nur gelernt? Ah! Ich sah einen schon wackeligen Major auf dem Katheder hin- und hergehen. Mit einem Stock zeigt er auf die Tafel, auf der Vierecke, Rechtecke, Wellenlinien gemalt sind. Er skandiert scharf: Kalte und klare Entschlossenheit, In-i-ti-ative!
Ich kehrte zur Stadt zurück und ging, ohne Angst, verhaftet zu werden, in mein Hotel.
Ob jemand nach mir gefragt habe?
»Nein, die ganzen Tage hat niemand nach dem Herrn Leutnant gefragt, und auch kein Brief ist angekommen.«
»Aber Herr Leutnant«, rief der Portier ganz entsetzt, »Herr Leutnant haben den Säbel vergessen, können leicht einen Anstand haben.«
»Ich weiß. Schon gut!«
Ich preßte das Taschentuch an die Wange.
»Hören Sie einmal, Portier! Können Sie mir sofort einen Zivilanzug verschaffen? Aber in einer halben Stunde spätestens muß er hier sein!«
Das ließe sich machen. Ich solle nur auf mein Zimmer gehen und mich gedulden!
Warum ich Zivil anziehen wollte, wußte ich nicht bestimmt,

jedenfalls fühlte ich, das wäre der erste Entschluß meiner »Initiative!«
Ich schaute in den Spiegel. Meine Backe war geschwollen. Blutunterlaufen in allen Farben zog unterm Auge der lange Hieb der Reitgerte. Im Tobsuchtsanfall warf ich den Alaunstein gegen den Spiegel, der ein großes Loch davontrug, von dem nach allen Seiten hundert Radien ausgingen.
Endlich brachte der Portier den geliehenen Anzug. Er paßte ganz gut.
Für einen Augenblick vergaß ich alles und drehte mich um mich selbst. Ich gefiel mir. Nur mit dem Hemdkragen hatte es seine Not. Alle waren zu niedrig und zu weit für meinen langen Hals. Ich band deshalb einen Shawl um und ging auf die Straße, um ein Modewarengeschäft zu suchen. Dort wollte ich mir den richtigen Kragen kaufen.
Nur ruhig! Das Notwendige wird sich schon finden!
Ich trat in einen Laden.
»Haben Sie sehr hohe Stehkragen?«
Die Verkäuferin breitete eine Menge Kragen vor mir aus.
»Hier wäre die Marke ›Kainz‹, Stehumlegekragen. Sehr schick.«
»Nein, der ist zu niedrig.«
»Hier die Marke ›Dandy‹, Stehkragen mit englischen Ecken; wird sehr viel verlangt.«
»Der Kragen, den ich brauche, muß noch höher sein.«
»Noch höher? Bitte! Da hätten wir diese Marke! ›Globetrotter.‹ Sehr fein und elegant. Nur für Kavaliere.«
Auch der paßte nicht.
Plötzlich sah ich an der Wand des Ladens ein Reklameplakat: ein alter, lachender Herr hält zwischen zwei koketten Fingern einen großen Knopf, auf den er einladend mit der Hand deutet. Sein Hals steckt in einem riesigen Kragen, der ihm bis über die Ohren reicht und vorne weit ausgeschnitten ist.
Ich zeigte auf das Plakat:
»Sehen Sie, so einen Kragen möchte ich haben!«
Das Fräulein lachte:
»Solche Kragen haben die Herren vor hundert Jahren getragen. Das sind doch sogenannte Vatermörder!«
Von diesem Augenblick an kam eine gewisse dumpfe Besonnenheit über mich, als wüßte ich, was zu tun wäre.

Ehe ich mit irgendeinem Kragen, den ich gekauft hatte, den Laden verließ, verlangte ich noch einen Trauerflor und ließ mir den gleich um den Arm heften.
Warum ich das tat? Ich weiß es nicht. Ich weiß nur, daß mir unendlich wehe und heimatlos ums Herz war.
Ich kehrte ins Hotel zurück und vollendete meinen Anzug. Dann erkundigte ich mich nach Herrn Seebär.
Es hieß, er wäre zwei Tage ausgeblieben, heute morgen aber für einen Augenblick im Hotel aufgetaucht und sogleich zur Arbeit gegangen.
Jetzt erst fiel mir Sinaïda ein. Vielleicht ist sie gar nicht tot. Beschitzer hat ihren Namen ausgestrichen. Dafür gibt es manchen Grund. Sie lebt gewiß. Und er, vielleicht ist er nichts als ein alter Träumer, der die Welt nicht kennt. Und doch! Welche mächtige Organisation hat dieser Träumer hinter sich, da es ihm gelungen ist, jenen Zettel in mein Brot backen zu lassen. Also muß er in Verbindung mit der ärarischen Bäckerei stehen, muß einen Mann haben, der dieses *eine* Brot von der Pyramide wegstiehlt, zum Garnisonsspital bringt und dort dem Wächter übergibt, der auch mit im Spiele sein muß.
Aber die Zarenreise? War sie Wahrheit, war sie Phantasterei verhungerter Gehirne?
Lebt Sinaïda? Ist sie denn überhaupt zu Boden gesunken? Nein! Das habe ich nicht gesehen. Sie lebt!
Aber wie ferne war mir dies alles. Habe ich sie denn jemals im Leben gesehen? War ich jemals mit Russen, Spielern, Opiumrauchern beisammen gewesen? Wer weiß? Ich habe schon ganz andere Dinge geträumt.
Russen, Spieler, Opiumraucher – das hatte ich doch schon einmal geträumt! Aber ganz gewiß. Und der Schlitzäugige! Auch von ihm hatte ich geträumt. Sicherlich! Wann? Gleichviel!
Sinaïda lebt, oder – hat überhaupt niemals gelebt. Wie wenig aber bedeutet das für mich, hatte ich doch eine Aufgabe, eine wichtige, endgültige Aufgabe ganz andrer Art, denn meine Wange *brannte, brannte!*
Ich trat in ein Restaurant, um mich zu stärken. Kaum aber hatte ich ein Paar Löffel Suppe zu mir genommen, mußte ich hinaus und mich übergeben!
So also ging es nicht. Gott war streng und forderte das Gelübde

der Enthaltsamkeit von mir, bis ich's vollbracht haben würde.
Ich trieb mich wieder in den Straßen umher. Noch war die Zeit nicht gekommen. Wenn ein höherer Offizier mir begegnete, fuhr ich mit meiner Hand empor, um zu salutieren und nestelte dann verlegen an der Krempe meines steifen Hutes.
Endlich, endlich! Von irgendeinem Turm schlug es fünf Uhr.
Was das für ein vornehmes Viertel war, in dem mein Vater wohnte! Und ich? Pfui Teufel! Ich habe mir in meinem ganzen Leben kaum zweimal Bücher und Noten kaufen dürfen. (Herrgott! Ich bin der Leihbibliothek noch Geld schuldig!) Und mit dem Sattessen ist es auch nicht weit her. Selbst als Kind, als Kadettenschüler, sonntags vom häuslichen Tisch stand ich hungrig auf. Wie gerne hätte ich ein Stückchen Fleisch noch auf den Teller gelegt oder gar einen Kolatschen, eine Buchtel! Vielleicht auch würde es mir die Mutter nicht verwehrt haben. Aber ich war so bescheiden, so feige bescheiden!
Bitterkeit!
Ach, was hatte das alles zu bedeuten? War doch der Tag gekommen. – Einst wird kommen der Tag. –
Ist das nicht der schönste Vers aus dem ganzen Homer? Dreizehn Jahre bin ich alt gewesen, als ich über diesen einzigen Vers Tränen unverständlicher Wonne vergoß.
Ich mußte stehenbleiben:
»Leb wohl, alle Schönheit dieser Welt!«
Eine halbe Stunde ging ich vor dem Haus, das eines der schönsten des ganzen Gesandtschaftsviertels war, auf und ab. Dann trat ich in die Portierloge.
»Ist die Generalin zu Hause?«
Der Mann in Livree hochherrschaftlich, backenbärtig, legte langsam die Brille auf die Zeitung, wurde vornehm:
»Ihre Exzellenz sind heute morgen abgereist!«
»Und mein *Vater* ist auch nicht zu Hause?«
Der alte Lakai machte zuerst ein dummes Gesicht, dann erhob er sich schnell, knickig, lächelte untertänigst, stammelte:
»Euer Gnaden bitte gnädigst zu verzeihen! Kompliment! Gehorsamster Diener! Habe nicht gleich erkannt. Seine Exzellenz sind ausgefahren, kommen immer erst gegen Abend zurück. Bitte schön, bitte sehr ...!«

Ich stieg die breite Treppe hinauf.
Der Bursche des Generals öffnete mir.
»Ich werde hier auf meinen Vater warten. Führen Sie mich weiter!«
Der Bursche, starr erstaunten Gesichts, ließ mich in einem großen Zimmer allein.
In der Mitte des sehr weiten Raumes stand ein Billardtisch mit einem Schutzüberwurf von grüner Leinwand, am Fenster aber ein Mignonflügel.
Neben dem Klavier in einem Schragen häuften sich Klavierauszüge von Operetten und Notenheftchen mit den Schlagern dieses Jahres. Meine Stiefmutter! Ich fühlte eine Grimasse auf meinem Gesicht.
Das Nebenzimmer, dessen Tür offenstand, war ein kleiner Rauchsalon. Von hier führte ein offener, von Portieren flankierter Eingang in das Schlafzimmer meines Vaters, das schon für die Nacht in Ordnung gebracht war. Ich sah das aufgeschlagene Bett. So deutlich war dieser Raum vom Billardzimmer sichtbar.
Ich wartete lange, dann rief ich den Offiziersburschen:
»Hören Sie, ich kann nicht mehr länger bleiben. Richten Sie ihm aus, daß ich hiergewesen bin und morgen wiederkomme!«
Ich ging in den Vorsaal. Der Diener folgte mir.
»Wie bringe ich den nur fort?«
Es fiel mir ein, meine Schuhbänder fester zu schnüren. Währenddessen rief ich über die Schulter:
»Sie können an Ihre Beschäftigung gehen.«
Er verschwand.
Sogleich schlich ich mich auf den Zehen in das Billardzimmer zurück, wo ich mich nach einem Versteck umsah. Ich tastete die Wand entlang, um eine Tapetentür, einen Wandschrank zu entdecken, dabei stieß ich, ich weiß nicht wie, mit der hoch ausgestreckten Hand gegen eine Etagere – der Nagel löste sich – und mit ungeheurem Gepolter fiel das Gestelle und alles, was darauf stand, zu Boden.
Hochauf horchte ich. Eine Sekunde, zwei Sekunden, eine Minute, zwei Minuten, fünf Minuten... es rührte sich nichts. Niemand hatte den Lärm gehört. Ich begriff sofort, daß Dienerzimmer und Küche sehr weit entfernt, vielleicht in einem anderen Stockwerk sich befinden mußten.

Ich ging daran, die Etagere zur Seite zu schaffen und die Gegenstände aufzuklauben.
Billardkugeln! Zwei hatten sich unter die Möbel verrollt, die dritte, rote, hielt ich mit einem merkwürdigen Grauen in der Hand. Warum?
Heute weiß ich es.
Sonst lagen noch gerahmte und ungerahmte Photographien auf der Erde, lauter unbekannte Menschen in Parade, Frack, Balltoilette, herausfordernde Gesichter, verächtlich auf mich gerichtet.
Da aber war noch eine Photographie.
Ein Kadett, nicht älter als dreizehn Jahre, die rechte Hand auf ein Geländer stützend, wie auf Befehl, das verängstigte Gesicht schief hinaufgedreht.
Mystischer Schreck!
Lebte der noch immer, wollte er denn nie und nimmer tot, begraben, vorbei sein? Dieser Kinderleichnam, warum schied er nicht aus meinem Blut? Mein Gott! Ich zerriß das Bild. Mein Herz brach fast dabei.
Er, der Vater, hatte es nicht unterlassen, diese Siegestrophäe in seinem Zimmer aufzustellen.
Noch etwas! Jesus! Das war ja eine der Hanteln, mit denen ich damals in den Ferien Turnübungen machen mußte. Wie schwer sie ist! Ich erinnerte mich an hundert Stunden und drückte das kalte Metall an meine Brust, diesen Zeugen von Angst und Unglück, das mich niemals verlassen hatte. Nach so vielen Jahren mußte ich sie hier finden! Das war kein Zufall.
So lange war sie verborgen geblieben. Jetzt aber, in dieser Stunde, kommt diese alte Hantel mir entgegen, sucht mich gleichsam, lockt mich heran, mir jenen Gedanken einzugeben – einzugeben – nein zu sagen, zuzurufen, den ich sogleich verstehe.
Ich stutzte einen Augenblick.
Sollte ich sie mißverstehen? Dieses Stück Eisen, *bittet* es etwa für meinen Vater, der es jahrzehntelang mit sich schleppt, der es nicht zum Gerümpel, nicht auf den Kehrichthaufen wirft, nicht dorthin, von wo es zum Schmelzofen wandern und um seine Form kommen muß.
Ist diese Hantel meiner Kindheit dem Vater für den Schutz dankbar?

Warum denn hat er sie aufbewahrt und ihr nach so vielen Übersiedlungen hier in diesem Staatszimmer einen Raum gegönnt? Warum?
War es ganz gewöhnliche Unachtsamkeit?
Ah, nein! Seinem Blick entgeht keine Blindheit auf einem Messingknopf.
War es Empfindsamkeit, verborgenes Erinnerungsgefühl, das dem kleinen Knaben galt, der einmal sein Sohn gewesen war?
Ich hielt den Eisenkopf der Hantel ans Ohr.
Keine Antwort!
Sie blieb stumm.
Für mich Antwort genug. Ich verstand sie.
Es mußte geschehn.
Ich prüfte die Festigkeit der beiden Köpfe, ob sie gut auf dem Stiel säßen. Das Ding war wie aus einem Guß – da steckte ich es in meine Tasche.
Indessen war es schon recht dunkel geworden. Draußen sprang das Licht der Laternen auf. Die Fenster malten gelbe Lichtquadrate auf Möbel und Fußboden.
Ich entschloß mich, unters Billard zu kriechen; so war ich am besten verborgen.
In die Leinwand des Überzugs schnitt ich mit dem Taschenmesser ein Loch, ähnlich der Klappe im Theatervorhang – so, nun konnte ich genau beobachten, was hier und in den anstoßenden Zimmern vorging.
Ich weiß nicht warum, plötzlich erfaßte mich eine wütende Lust, mich zu verraten, unerhört Klavier zu spielen, göttlich zu phantasieren, durch die ungeheuren Akkorde alles Häßliche zu vernichten. Nur mit Mühe hielt ich mich fest. Auf meiner Stirne stand der Schweiß in großen, kalten Tropfen, so viel Kraft brauchte ich, dieses Gelüste zu überwinden.
Jetzt erst merkte ich, daß gleichmäßigen Schrittes eine große Uhr im Zimmer tickte.
Ich klammerte meine Finger um die Hantel.
Es schlug acht Uhr ...

Es schlug halb neun, es schlug neun. Draußen schallte die Brandung der Stadt schwächer.
Was wollte ich eigentlich hier?

Ich wußte es nicht.
Ich wußte nichts.
Da – ganz ferne hörte ich einen Schlüssel knirschen. Ich drückte den Kopf in meine Hände.
So war es gewesen – damals! Sechs Jahre alt und noch jünger. Der Schlüssel knirschte genau so. Ich vernahm es bis tief in meinen Traum. Dann tappten Schritte, kamen näher, immer näher (oh, ich verging vor Furcht), ich spürte hinter den geschlossenen Augenlidern eine sanfte Helligkeit, und jetzt beugte sich jemand über mich – damals!
Nun aber!
Meine Wange brannte wie Feuer.
»Wie Feuer!« Laut stieß ich diese Worte hervor, als hoffte ich noch immer, mich zu verraten.
Im Vorsaal Schritte und Stimmen. Es waren zwei, die sprachen. Einer befahl und einer wiederholte die Befehle.
Die Türe ging auf.
Mein Vater trat ein.
Der Bursche folgte.
»Also, er war hier gewesen?«
»Befehlen?«
»Ich frage: Mein Sohn war hier gewesen?«
»Jawohl, Exzellenz!«
»Wie hat er ausgesehen?«
»No – so – Exzellenz, ich bitt' ghorsamst, ich weiß nicht.«
»Schauen Sie sich die Leute nächstens besser an!«
»Jawohl, Exzellenz!«
»Haben Sie mir die Pastillen vorbereitet?«
»Sie stehen auf dem Nachttisch, Exzellenz!«
»Und die Wärmflasche?«
»Die werde ich gleich bringen, Exzellenz!«
»Wann war er hier?«
»Befehlen?«
»Wann der Karl – wann mein Sohn hier war, frag' ich.«
»So um halb sechs, und ist um viertel sieben wieder fortgegangen.«
»Hat er keine Nachricht hinterlassen?«
»Jawohl, Exzellenz! Der Herr hat gesagt, daß er morgen wiederkommen will.«
»Herr! Herr? Welcher Herr? Der Herr Leutnant!«

»Exzellenz! Ich meld' gehorsamst, der Herr Leutnant waren in Zivil.«
»Was? In Zivil? Während einer Untersuchung, in Zivil? Unerhört!«
Sporenklirrend ging der General auf und ab. Die Worte: »Pastillen, Wärmflasche« hatten mich fast verstört. Aber das »Unerhört«, von widerwärtigem Sporenhochmut begleitet, brachte mich in Wut.
Jetzt kam der Bursche mit der Wärmflasche.
Der General hustete.
»Hat der Herr Leutnant nicht – so – krank ausgesehen?«
»Jawohl, Exzellenz! Bissel blessiert.«
»Wo hat der Herr Leutnant denn gewartet?«
»Hier im Zimmer!«
»So?«
Der General machte eine Pause, rasselte heftig, dann sagte er als Abschluß mehrfach angestellter Erwägungen:
»Morgen sagen Sie dem Herrn Leutnant, daß ich dienstlich hier nicht empfange, daß ich hier überhaupt nicht empfange! Verstanden?«
»Zu Befehl, Exzellenz!«
Über den letzten Satz geriet ich außer Rand und Band. Er hatte mich geschlagen, gepeitscht und spielte die allerhöchste Dienstkomödie weiter.
Fester faßte ich die Hantel. Ein Wort war jetzt in mir: »Es ist besiegelt.«
Die Haut auf meinem Gesicht spannte sich vor Brand und Erregung. Ich fühlte, daß jetzt das zerstörte Gewebe meiner Wunde durch die Spannung stellenweise aufbrach und das Blut langsam, warm über die Wange lief.
Nun, mir war's recht, mehr noch, willkommen. Mein Vater hatte sich unterdessen in sein Schlafzimmer begeben. Der Diener half ihm beim Auskleiden. Ich wandte mich ab. Scham verhinderte mich, hinzuschauen.
Deutlich hörte ich nur das Ächzen, Stöhnen und Gähnen eines Mannes, der nicht der gesündeste ist.
Endlich entfernte sich der Diener.
Der General drehte (der Knopf war über dem Bett) das elektrische Licht mit einer Bewegung in allen Zimmern ab.
Nun war es ganz finster.

Ein unwilliger Körper warf sich hin und her.
Feucht war meine Stirn.
Immer noch rann das Blut über die Backe.
Meine Hände waren schon ganz naß davon.
Ich wartete das nächste Schlagen der Standuhr ab.
Zehn!
Nach dem letzten Schlag kroch ich aus meinem Versteck hervor.
Was geschehen werde, ich wußte es nicht. Meine Gedanken wurden von diesem sinnlos wiederholten Satz beherrscht:
»Ins reine kommen!«
Meine Rechte hielt die Hantel fest umfaßt. Ich zählte bis drei, gewillt, beim Dritten das Zeichen zum Weltuntergang zu geben.
Eins – zwei – – – drei!
Ich gab mir einen Ruck, trat auf Fußspitzen zur Portierentüre des Schlafzimmers, stellte mich so auf, daß ich nicht gesehen werden konnte.
Lange verweilte ich so. – Dann hob ich die Hantel und klopfte mächtig an den dumpfschallenden Türpfosten.
Ich hörte, wie einer aus dem Bett auffuhr.
Heisere Halbschlafstimme wurde laut.
»Wer ist hier?«
Ich antwortete nicht.
Jetzt war im Zimmer wieder alles ruhig.
Aber ich fühlte: Er sitzt atemlos im Bett und horcht.
Zum zweitenmal drei furchtbare Schläge an den Pfosten.
Der drinnen sprang aus dem Bett. Ein schneller, fast jammernder Atem flog. Tasten einer Hand nach dem Knopf des elektrischen Lichtes.
Da klopfte ich, weitausholend, zum drittenmal und rief:
»Vater!«
Wild sprang das Licht in allen Räumen auf.
Und jetzt!
Hoch erhob ich die Hantel...
Wer aber trat mir entgegen?
Die Füße in schlurfenden Pantoffeln, einen langen, grauen Schlafrock umgehängt, die Gürtelschnur vorne nicht zugebunden, weiße Haare zerzaust, der Schnurrbart ungestutzt, ungefärbt, grau, hart hinabsteigend, schwere Tränensäcke unter

kleinen sterbenserschrockenen Augen, todgezeichnete Backenknochen, blaue Lippen, die der Zähne häßliches Gold angstklaffend nicht mehr verbargen, der also aus der Türe schwankte, der alte Mensch – war mein Vater.
»Du?« fragte eine röchelnde Stimme.
»Ich!« sagte eine andere scheppernd zerbrochenen Klanges.
Langsam rann mir das Blut über Wange, Kragen, Anzug und tropfte dick auf die Parketten.
Ich trat, die Hantel immer hoch erhoben, zum Billard und befahl dem Alten:
»Komm!«
Wo war der General? Wo der rasselnde Feld- und Weltherr? Ein Greis im Schlafrock, sein betäubtes Auge auf die Waffe in meiner Hand, auf das Blut in meinem Gesicht richtend, gehorchte wortlos und blieb in Entfernung zitternd stehen.
Ich stampfte mit dem Fuß:
»Komm!«
Den Körper meines Vaters schüttelte sichtliches Fieber. Er sah aus wie ein Mensch, der gegen wüsten Traum kämpft. Er duckte sich, versuchte etwas zu sagen, kein Wort, kein Ton gelang.
Mein ganzes Wesen erschütterte göttlicher Rausch. Ah! Ich wartete auf das große Stichwort! Die Hand mit der Hantel straffte sich immer höher, höher!
Mit aufgerissenen Augen sah mich der Vater an. Kein Wort noch immer brachte er hervor.
Meine Hypnose war so stark, daß er den Blick von mir nicht wegwandte, noch auch zur Türe lief, was für ihn leicht gewesen wäre. Ich bog den Arm ausholend zurück. Und da geschah etwas Wahnsinniges.
In meine Beine fuhr ein Rhythmus, über den ich nichts vermochte. Gebieterisch streckte ich die unbewaffnete Hand aus. Der Vater duckte sich noch tiefer, schützte mit den beiden Händen sein Hinterhaupt, und ich, ich verfolgte ihn gleichmäßig stampfenden Schrittes, Runde auf Runde um den Billardtisch.
Er keuchte vor mir her, und ich, die Beine im Tempo dieses unheimlichen Triumphmarsches streckend, Abstand niemals verringernd, niemals erweiternd, schritt hinterher, die Hand

mit der Waffe erhoben, den Kopf zurückwerfend in bewußtloser Begeisterung.
Immer asthmatischer wurden die Atemzüge des Gejagten. Sein Schlafrock, aufgebunden, weitärmelig, rutschte über die Schulter, immer weiter, fiel endlich ganz von ihm!
Das war kein Offizier mehr.
Ein nackter Greis mit mager tiefdurchfurchtem Rücken schwankte vor mir her.
»Die Wahrheit«, dachte ich, »die Wahrheit.«
Das Triumphgeheimnis des unverständlichen Rhythmus genießend, immer mit hocherhobener Hantel, stampfte ich weiter.
Wie lange der Marsch, die gemessene Jagd um den Tisch währte – ich weiß es nicht.
Der andere verlor erst den einen Pantoffel, dann den zweiten, schließlich torkelte er splitternackt vor mir.
Ich hielt nicht inne. Die schwarze Magie, wußte ich, darf nicht schwächer werden.
Plötzlich blieb der alte, nackte Mann stehen, drehte sich zu mir um und fiel keuchend auf die Knie. In seinen flehend erhobenen Händen lag die Bitte:
»Tu es schnell!«
Vor mir kniete kein Neunundfünfzigjähriger, vor mir kniete ein Achtzigjähriger.
Noch einmal Wahnsinn, unerträglicher Triumph!
Doch jetzt!
»Das hatte ich nicht gewollt, daß dieser Vater vor mir kniet. Er soll es nicht tun. Keiner! Ist das Papa? Ich weiß es nicht. Aber ich werde diesen Kranken nicht töten, weil ich es nicht genau weiß.«
Leid, Mitleid!
Noch immer kniete mein Vater vor mir.
Aber was ist das? Überall auf der Erde in breiten Klecksen – Blut. Was habe ich getan? Ist das *sein* Blut? Habe ich sein Blut vergossen? O Gott! Was ist das? Nein, nein! Dank, dank! Ich bin kein Mörder. Es ist ja *mein* Blut, das er vergossen hat. *Mein* Blut! Und doch! Geheimnis! Sein Blut, *unser* Blut hier auf der Erde!
In diesem Augenblick hatte ich eine Vision, einen Gedanken, den ich jetzt noch nicht verraten darf.

Ich hob den General auf und warf ihm seinen Schlafrock um die Schultern.

»Geh schlafen!«

Das war der einzige Satz, der in dieser Nachtstunde gesprochen worden war.

Später, auf der Straße, schleuderte ich die Hantel und mit ihr die Krankheit der Kindheit von mir.

Dritter Teil

Was seit jener abgründigen Stunde in Jahr und Tag sich begeben hat, das des Weiteren aufzuzeichnen, widerstrebt mir.

Nun! Ich war in allen drei Anklagepunkten schuldig befunden und hauptsächlich wegen tätlicher Mißhandlung eines Höheren nach militärischem Strafrecht zu neun Monaten Garnisonsarrest verurteilt worden.

Meinen Vater habe ich während meiner Haft und auch nachher nicht mehr gesehen.

Später, zu Beginn des Weltkrieges, in New York, las ich in den Zeitungen öfters seinen Namen, der aber nach und nach aus den Berichten verschwand. Der sogleich zum General der Infanterie avancierte Führer dürfte unter den ersten Generalen gewesen sein, die schuldig oder unschuldig, meist jedoch schuldig abgesägt worden waren.

Ob er heute noch lebt, wo, und nachdem Macht und Einfluß seiner Gesellschaftsschicht zerschmolzen sind in welchem Ausgedinge, das weiß ich nicht. Ich wende mein Haupt nicht mehr rückwärts. Ich bin mit ihm, – – und als einer, der an der sogenannten alten »Militärgrenze« geboren wurde, auch mit meiner alten Heimat fertig.

Ave atque Vale ihnen beiden!

Während meiner Haft hatte ich mir durch Notenkopieren, Kollationieren, Korrigieren einiges Geld verdient. Meine Ersparnisse nach der Entlassung waren etwas größer, als die Kosten eines ticket dritter Klasse und die gesetzlich vorgeschriebene Summe betragen, die man vorweisen muß, um hüben an Land gehen zu dürfen.

Ach, als ich die Kanzlei des Garnisonsgerichts verlassen hat-

te, meine Ersparnisse und die endgültig letzte militärische Löhnung in der Tasche, war ich zum erstenmal im Leben *frei!*
Sogleich verkaufte ich meine ganze Militärgarderobe, schaffte mir einen Zivilanzug und das sonst noch Nötige an, nahm ein für drei Tage gültiges Schnellzugsbillett nach Hamburg und verließ eines schönen Julimorgens die Residenz, die lustig in ihrer flittrigen Frühe dalag, ohne das schon deutliche Verhängnis auch nur zu ahnen.
Nach einer Reise von wenigen Stunden fuhr der Zug in die Bahnhofshalle jener großen Landeshauptstadt ein, in der ich meine Kindheit verbracht habe.
Ich weiß nicht, trieb mich der Teufel oder war es der Wunsch, in dieser uralten Krönungsstadt endgültig Abschied von der alten Welt zu nehmen; ich ergriff meinen Koffer, stieg aus und beschloß erst morgen weiter zu fahren.
Es war Mittag. Die Sonne schwamm auf noch regenfeuchten Straßen. Dies alles war fremd für mich und wie aus mir gelöscht. Die Luft drockte –, staubig angestrengt die Gesichter der Menschen – mich befiel zuerst Langeweile, dann ein recht unerkläriches Mißbehagen, ich wurde nervös und begann die Unterbrechung meiner Reise zu bedauern.
Ein endlos langer Nachmittag stand stöhnend vor mir.
Da fiel mir an irgend einer Litfaßsäule ein Plakat auf: »Hetzinsel – Vergnügungspark – Kinematograph – Scenic-Railway – Rutschbahn – Militärmusik – Restaurant, vorzügliche kalte und warme Küche!«
Hetzinsel! Das kannte ich doch schon, dort mußte ich doch damals gewesen sein! Ich hatte das richtige Programm für diesen öden Nachmittag gefunden.
Ich trat durch ein lustiges Torgerüste, von dem viele Fahnen niederwehten. Durcheinander gewälzter Schall von elektrischen Orgel-Musiken empfing mich, – – und mit einem Schlage war jener *dreizehnte Geburtstag* in mir lebendig.
Nur war alles im Laufe der Jahre dürftig und fadenscheinig geworden. Die Karusselle drehten sich langsamer, ihre Buntheit war ein wenig entzaubert, durchlöchert und verblaßt wehten die Soffitten im Winde des Kreislaufs.
Vor der Grottenbahn stand nicht mehr ein Zwerg und eine Riesin, quäkend, paukenschlagend, nein, ein Herr im Gehrock mit

großer Uhrkette, der ebensogut Hofrat oder Intendant eines Stadttheaters hätte sein können. Allerdings die Märchenautomaten an der Außenwand des Gebäudes ruckten und zuckten noch immer, und auch der mechanische Mozart schlug seinem unsichtbaren Orchester unermüdlich noch immer diesen gespenstisch unzugehörigen Takt, – aber, wer von uns war so sehr gealtert?

Das Wetter war eben nicht das Beste. Unmut starrte am Himmel. Ein Gewitterwind kreiselte Staub, Papier, Unrat, Schalen, Fetzen und die kleinen Coriandoliblättchen eines verstorbenen Sommerfestes durcheinander.

Da es Wochentag war, schlenderten, anders als damals, nur wenig Besucher durch die Budenstraßen. Faul, schweigend, pfeifenrauchend, nur manchmal aufkeifend, standen die Budenbesitzer und Verkäufer einzeln und in kleinen Gruppen. Nichts, gar nichts ließ vermuten, daß die gähnende, geschäftsschwache Muße eines schwülen Dienstagnachmittags durch irgend ein Ereignis getrübt worden war.

Die barbarisch gewaltige Musik war die alte geblieben, ich erkannte sie, und kaum weniger als damals verwirrte sie mit ihren Stürmen mein Bewußtsein.

Wie ich so in dem infernalischen Feuerregen der herrlich hervordröhnenden Opernarien stand, stieg in mir die Erinnerung an eine Bude, an jene Bude auf, in der Charakterpuppen in Schulbänken und auf einer Scheibe sich bewegen – ja, die Bude – dort wo ich damals an meinem Geburtstag falsch ausgeholt und statt den Kopf jener Figur zu treffen, ihn, den Major, getroffen hatte.

Ich ging über einen Platz. Mein Blick traf das Becken einer nicht springenden Fontäne. Der Wasserspiegel war gekräuselt.

Da trat ich zu einem der gaffenden Ladenhüter:

»Können Sie mir sagen, wo die Bude mit den automatischen Figuren steht, denen man die Hüte vom Kopf wirft?«

Der Mann sah mich an, als hätte er gerade *diese* Frage erwartet.

»Sie meinen natürlich die Bude des alten *Kalender*?«

»Wie der Mann heißt, weiß ich nicht!«

»Nun, der Kalender, der gestern in der Früh ermordet worden ist!«

»Kalender?«

»Aber! Die ganze Stadt spricht ja davon. Der Alte ist von sei-

nem Sohn, dem Lumpen, umgebracht worden. Vom August, dem Halunken!«
»Ich bin erst heute hier angekommen!«
»Ich dachte halt, Sie wollen die Bude auch sehen; die Leute laufen ja den ganzen Tag, gestern und heute, massenhaft hin; die neugierigen Nichtstuer die! Das ganze Geschäft wird einem verdorben, wenn das so weitergeht! Sakrament!«
Der Mann spuckte bedächtig aus.
In mir dämmerte es.
Eine Ahnung!
Der Verkäufer fragte:
»Haben Sie denn die Zeitung nicht gelesen? Die Morgenpost von heute?«
»Nein!«
»So was!«
Der Mann sah mich mit ehrlicher Verachtung an. Das ist ein schlechter Bürger, der keine Zeitungen buchstabiert.
Plötzlich entschloß er sich.
»Warten Sie!«
Er ging in die Bude, – kam wieder.
»So, da ist die Morgenpost. Dieser Artikel da – nein, der nicht – hier dieser, rechts unten. Wie? Sie können das Blatt behalten. Ist schon recht. Ich brauche es nicht mehr. Was? Wo die Bude ist? Ein paar Schritte von hier, Herr! Dort, sehen Sie, wo die Leute stehen! Gleich rechter Hand vom Ausgang!«
»Danke!«
Ich nahm die Zeitung und las im Weitergehen.
Ich setze das wörtliche Zitat des Artikels, den ich aufbewahrt habe, hierher.

Vater und Sohn

Die Bluttat eines verbrecherischen Sohnes

Die Zeiten werden immer düsterer, Katastrophen lauern. Schwere Gewitterwolken türmen sich am politischen Horizont. Das in *Serajewo* vergossene Fürstenblut unsühnbar ruft es nach Rache. Europa, die ganze gesittete Welt, steht zum Sprunge bereit in unheimlicher Spannung da.

Und die Schatten, unter deren Wucht die Menschheit erschauert, werfen sich auch über das Schicksal des Einzelnen, das Schicksal der Familien.
Die Verbrechen häufen sich; alle menschlichen Beziehungen sind durch den Wurm des gewinnsüchtig egoistischen Zynismus angefressen. Die Bande der Familie sehen wir gelockert, Bruder erhebt die Hand gegen Bruder – und, wer vermöchte es ohne Entsetzen auszudenken, der geliebte, der gehegte Sohn spaltet kaltblütig mit einem Beil des gütigen Vaters Schädel.
Ja, wir sehen es ringsum und haben niemals in unserem Kampf gegen Schundliteratur, unmäßigen Kinobesuch usw. unterlassen, den Finger auf diese schwärende Wunde zu legen: Eine lasterhafte Jugend ist herangewachsen, die alle Gesetze, alles, was der Väter Mühsal geschaffen und erworben hat, mit Füßen tritt.
Libertinage, Arbeitsscheu, Vergnügungssucht, Snobismus, Kaltherzigkeit, das scheinen die Haupteigenschaften dieser Jugend zu sein; man braucht ja nur einen Blick auf die Erzeugnisse der Kunst und Literatur zu werfen, wie sie von diesen jungen Leuten kreiert werden.
»*Épater le bourgeois*«, das ist heute noch mehr Trumpf als sonst und wird keineswegs mit jenem gutmütigen Humor getrieben, dessen wir Älteren noch gern gedenken, wenn wir die Werke der Naturalisten von damals betrachten, die ja auch nicht gerade sanfte Lämmer waren, und mit ihren Allotrien, Anulkungen, Satiren, den Spießbürger recht empfindlich gezaust haben. Dennoch zeichnete diese heute nicht mehr junge Generation warmes soziales Mitempfinden, aufbauender Sinn, Verständnis für Vaterland und Ordnung und bei allem Pessimismus herzhafter Lebenshumor aus!
Hingegen die Jüngsten?
Ihre Produktivität ist der Haß gegen alles Bestehende, fast möchte man sagen: *Haß an sich!*
Wir können nicht umhin, angesichts der neuesten Erzeugnisse der deutschen Literatur mit Altmeister Goethe auszurufen:

>»Doch dies ist einer von den Neusten,
>Er wird sich grenzenlos erdreusten.«

Ja, dieses Geschlecht hat wohl die Zerstörungswut eines Karl Moor, aber nicht die hohe, heldische Einsicht, die ihm unser

Dichterheros in den Mund legt, daß nämlich zwei Kerle wie er imstande wären, den ganzen sittlichen Bau der Welt zu zertrümmern.
In Anbetracht dieser jungen, zügellosen Menschen wandelt oft auch den liberalen Mann die Sehnsucht an, ein eiserner Besen möchte all das Faule und Morsche unerbittlich hinwegfegen.
Ja, eine Generation von Kinoläufern, Kaffeehaushockern, Barhelden drängt nach vorwärts; ihr Ideal ist der Hochstapler großen Stils, der sexuelle Psychopath, mit einem Wort, der Verbrecher.
Dieses Ideal, wie jedes, fordert seine Opfer.
In den höheren Klassen der Gesellschaft verfallen die Söhne dem Spiel, dem Nichtstun, der Verschwendung, den sinnlichen Lastern und schließlich den venerischen Krankheiten. In den Niederungen aber ist der Sprung zum Mörder ein Katzensprung.
Und in der Tat!
Einer dieser hoffnungsvollen Jünglinge, die Phantasie von Detektivromanen zersetzt, geht hin und mordet seinen Vater.
Wer kennt nicht weit und breit den alten Kalender? Er war das, was man eine stadtbekannte Figur nennt.
Seine Bude auf der Hetzinsel ist bei alt und jung beliebt. Wer von unseren Mitbürgern hat nicht schon einmal mit den festen Bällen einer der grotesken Figuren den Hut vom Kopf zu schleudern versucht? Diesen Charakterpuppen, denen ein gewisser künstlerischer Wert keineswegs abgesprochen werden kann, galt die Liebe Julius Kalenders. Er war fast ein Puppenspieler im alten Sinne und demjenigen, der Verständnis für markig deutsche Art hat, wird die kostbare Erzählung Theodor Storms von Pole Poppenspäler einfallen.
Julius Kalender war ein jovialer Mann von nahezu sechzig Jahren, trug immer eine Soldatenmütze, die den früheren Wachtmeister erkennen ließ, und war, wenn er behaglich vor seiner Bude stand, für seine lustigen Scherze, seine schlagfertigen Bemerkungen berühmt, denen auch die politische Würze nicht fehlte.
Den reinen Gegensatz zu diesem prächtigen Mann stellt der eigene Sohn dar: *August* Kalender. War jener heiter, so ist dieser meist mürrisch und verdrossen, besaß der Vater Gutmütigkeit, eine polternd rechtliche Lebensart, der Sohn ist tückisch,

verschlagen und weiß nicht im geringsten Gut und Böse zu unterscheiden. War Julius darauf bedacht, nicht nur sein Auskommen zu finden, sondern auch etwas in den Strumpf zu tun, um dereinst seinem Einzigen eine Erbschaft hinterlassen zu können, August vereitelte diese Absicht so gut er konnte, indem er immer wieder die schwer erworbenen Groschen dem Vater herauslockte, der in selten gutartiger Weise jedesmal für die Schulden des Sohnes aufkam.

Der einzige Vorwurf, den wir diesem armen Vater machen könnten, wäre:

»Warum hast du deinen Jungen nichts Ordentliches lernen lassen? Ist eine Umgebung von Jahrmarktsbuden, Kasperltheatern, Panoptiken, Gauklerunternehmungen der richtige Ort für einen heranwachsenden Buben?« Aber diesen Vorwurf hätte der lustige Julius gewiß nicht verstanden, dazu war er selbst zuviel Zigeuner, trotz seiner Seßhaftigkeit und des Bürgerrechts zuviel Kind des grünen Wagens.

Augusts Kindheit und Jugend muß gewiß so glücklich und frei gewesen sein, wie sie sich der phantastischste Neid eines »Stadtkindes« gar nicht vorstellen kann.

Volks- und Bürgerschule machten ihm kein Kopfzerbrechen, denn sein Vater war leider nicht der Mann, über ein schlechtes Zeugnis oder über eine minder entsprechende Sittennote zu murren. Wenn andere Knaben ganze Nachmittage lang und manche Nachtstunde dazu über ihre Aufgaben gebeugt saßen, August durfte dem Vater in der Bude, wo's immer lustig zuging, mithelfen, genoß das Glück, ein Kind der Hetzinsel zu sein, durfte ein Dasein führen, das für andere Jungen die höchste Romantik einschloß.

Es ist erwiesen, die unglückselige Mutter hat es selbst beteuert, daß der Alte seinem Sohn niemals Vorwürfe machte, sondern, wenn auch seufzend, alles hergab, was August von ihm verlangte. So liebte er diesen Sohn, der kein Kind mehr war, sondern ein erwachsener Mann von fünfundzwanzig Jahren.

Aber nicht nur die Mutter, auch andere haben sich gefunden, die für die *abgöttische* Liebe des Vaters zu seinem Sohn Zeugnis legen.

Und dennoch! Vor vierundzwanzig Stunden, um fünf Uhr morgens, lockt August, der Sohn, Vater Julius Kalender unter irgendeinem Vorwand aus der Bude, verwickelt ihn in ein Ge-

spräch und *erschlägt* ihn angesichts der grotesken Puppen mit dem Beil!!
Der Grund? Er ist vorläufig ein Rätsel, und es steht dahin, ob die menschliche Justiz fähig sein wird, dieses Rätsel zu lösen.
Denn so oft auch der Sohn im Laufe der Jahre den Vater beraubt und bestohlen hatte, diesmal nahm er nichts, *unberührt blieb die wohlgefüllte Brieftasche* des Budenbesitzers.
Es ist ganz gewiß, ein auch nur *beabsichtigter* Raubmord liegt nicht vor.
August K. ist ein so abgefeimter Schurke, daß er nach vollbrachter Tat sicherlich nicht aus Gram und Reue davon abgestanden wäre, das Geld des Vaters in den wenigen Stunden, die ihm blieben, zu verjuxen.
Zur Zeit des Mordes war kein Mensch im ganzen Vergnügungspark wach. Der Mörder schleppte kaltblütig sein Opfer zu einem nahen, längst verlassenen Bauplatz, wo viele Lagen von morschen Brettern und altem Baumaterial aufgeschichtet sind. Der Sohn warf den ermordeten Vater nach guter Berechnung in eine alte Kalkgrube, häufte Reisig, einen Sack, Fetzen über ihn, trug einen Stapel langer Bretter herbei und legte sie breit und hoch über die Kalkgrube, daß es den Anschein hatte, sie wären hier seit je so gelegen.
Diese Arbeit spricht von der Riesenkraft und von der robusten Verbrechernatur dieses Unmenschen. Es ist der reine Zufall, daß ein Lumpensammler nach zehn Stunden Blutspuren auf den Brettern entdeckte und die Polizei aufmerksam machte.
August hat damit gerechnet, daß das Verbrechen verborgen bleiben würde, das zeigt seine ganze Handlungsweise. Und doch! Die unberührte Brieftasche steckte in der Brusttasche des Toten.
Ein Raubmord?
Nein!
Ein Affektmord?
Nein! Die Mutter schwört, es hätte zwischen Vater und Sohn keinen Streit gegeben, der Vater wäre so wie so immer nachgiebig gewesen, ja, er habe vor August immer eine *gewisse Angst* gehabt.
Und was sagt der Mörder selbst aus?
Nichts! Er schweigt! Er zuckt die Achseln.

Wir stehen hier vor der Sphinx der menschlichen Psyche, vor dem unergründlichen Geheimnis – – – – – – – – – – – – – – –
– –
Ich konnte nicht weiter lesen. Mit vielen Spalten füllte dieser Artikel die Seiten der Zeitung. Mir schwamm es vor den Augen.
Hier – ich stand vor einem Ausgang des Vergnügungsparks. Ah! Rechter Hand ein Häuflein Menschen in heftigem Gespräch! Ich ging auf die Bude zu und – – – – – – – – – – – –
– –
Ich glaube, es ist bei allen Menschen so! Bei mir wenigstens setzen sich alle Erkenntnisse, Intuitionen, Einfälle, Aufhellungen, kurz alle geistigen Erlebnisse sofort in Körperzustände der heftigsten Art um. Witz, Kalauer, Lustigmachen zieht mir wie jede andere häßliche Empfindung das Innere abwärts vom Zwerchfell wie durch scharfe Säure zusammen, Religion, Musik, Erkenntnis, alles Gute durchschüttert Herz und Lungenpartie, erzeugt Weinkrämpfe ...
Aber es ist noch etwas da.
Die Ärzte behaupten, der menschliche Körper schließe zwei Nervensysteme ein, das vagische und das sympathetische, ich aber behaupte, mögen mich die Mediziner auch auslachen, es gibt noch ein *drittes Nervensystem* in uns (ich wenigstens erlebe seinen Bestand täglich), ja, ein drittes unerforschtes Nervensystem, das ich in aller Bescheidenheit den *nervus magicus* nennen will.
Wir alle haben in unserer Jugend mit Vorliebe Geistergeschichten verschlungen, und wenn sich in der Erzählung das Gespenst oder irgend eine grausige Erscheinung zeigte, und es vom Helden hieß, daß »kalte Schauer ihm über den Rücken liefen«, haben wir diese Schauer mitempfunden.
»Kalte Schauer«, das ist eine gar nicht so schlechte Bezeichnung für das Vibrieren des dritten Nervensystems. Allerdings »Rücken« ist ungenau. Die Klaviatur, auf denen diese Schauer spielen, der *nervus magicus*, liegt außerhalb unserer materiellen Natur und hat in jener unerforscht feinen Substanz seinen Ort, die uns umgibt, von uns und zu uns zurückstrahlt, in jener Substanz, die einige den Perisprit, andere Aura, Od nennen, und die tatsächlich ihre höchste Dichtigkeit im Rücken unserer Person besitzt.

Schwingt dieses dritte Nervensystem, von der Hand der abgründigen Mächte angerührt, so erwachen Erkenntnisse, Zustände, Kräfte in uns, die, treten sie ins Dunkel zurück, keine Spuren hinterlassen, der Sprache sich entziehen und des Gedächtnisses spotten.
Man wird mich verstehen.
Ich stand vor der Bude des *Ermordeten!* Vor jener Bude, wo auch ich vor vielen, vielen Jahren das Blut *meines* Vaters vergossen hatte.
Damals, ehe ich in das schwere Nervenfieber verfiel, das meine Knabenjahre so sehr zerrüttete, damals hatte sich ein gelbes, hohläugiges Bubengesicht über mich gebeugt.
Wie aufmerksam, wie seltsam interessiert war dieses starrende Gesicht gewesen, jenes letzte Bild, ehe mich der krankhafte Schlaf anfiel! – Und dieser Gleichaltrige!? Er schweigt vor dem Richter. Er weiß den Grund nicht. Aber, hat er nicht das vollbracht, was er an jenem fernen Tage von mir sehen mußte?! – Ach, – mir war vielleicht nur aus angstzitternder Hand zu früh der Ball gefahren. Aber dennoch! Ich hatte dem Knaben gelehrt, daß es andere Ziele gibt als die Hüte ohnmächtiger Puppen.
Und Julius Kalender?
Deutlich stand er vor mir. Freundlich flatterte der rötlich ärarische Backenbart à la Franz Josef. Die dicke Uhrkette zeigte den Mann, der das Leben von der bekömmlichen Seite nahm.
Das war kein Kanzleifuchs, kein Kasernryrann, das war ein behaglicher Stammtischgast, einer, der mit den Augen zwinkert, beim dritten Bier schon der auflauschenden Runde seine Zötchen und Anekdötchen zum Besten gibt. Und doch, dieser gute, offensichtlich gutartige Mensch, weil er Vater war, hat er daran glauben müssen.
Die Menschen vor der Bude (man konnte gar nicht hineinsehen) standen vor Klugheit und Gespanntheit alle wie auf einem Bein.
Sie sprachen über den Mord, erregt, glücklich, daß endlich einmal was vorgefallen war, daß es etwas gab, was wie ein heißer Grog auf Neugier und Selbstbewußtsein wirkt.
Sie schrien und stießen Verwünschungen gegen August, den Mörder des Vaters Julius, aus.

Hinter dem Ladentisch, wo sich noch immer in großen Körben und Schalen die Pyramiden der Bälle bauten, stand eine ältere Frau mit Umhängekragen, Kapotthütchen und schwarzen, gestrickten Halbhandschuhen.
In unverkennbar sächsischem Dialekt forderte sie die schwätzenden Menschen auf:
»Nur immer 'ran die Herren! Einmal das Glück versuchen. Zehn Würfe fünf Sechser.«
Aber was war das? Neben ihr tauchte plötzlich ein Bub auf, ein gelblich schwacher Junge, mit ungeheuer tiefliegenden, umschatteten Augen, der noch nicht dreizehn Jahre alt sein mochte.
August Kalender? Ich? Wer?
Der Knabe verschwand nach hinten.
Auch er wird lernen. Er, der immer Wiedergeborene, der ewig Dreizehnjährige.
In diesem Augenblick, als hätten sie sich so lange verborgen gehalten, um meinen Gedanken nicht zu stören, – erblickte ich, – erfaßte mich der Irrsinnsrhythmus der Charakterpuppen.
O fürchterlicher Akkord auf dem *nervus magicus*!
Auf- und niederschwebend, grinsend, grüßend waren sie alle da:
Der Mandarin, der Neger, die Teerjacke, der Henker, der Phantasieoffizier, höhnisch fuhren sie aus den Schulbänken ihres mystischen Nachsitzens auf, versteckten sich wieder wie Leute, die sich nicht greifen, verhaften lassen, garnicht daran denken, ihre Beute herzugeben, ihrer Unverletzlichkeit so gewiß sind, daß sie durch freches Auf und Nieder der Häscher noch spotten.
Auf ihrer Drehscheibe aber wandelten schlotternd in zunderndem Bratenrock und Trauerzylinder die Opiumraucher elegisch an der imaginären Türe vorbei.
Wer seid ihr? Wer seid ihr alle in eurer ungerührten Bewegung? Seid ihr unsere Neben-, Vor- und Nachmenschen, die Milliarden Unbekannten, die uns auf der Straße und in den Sälen des Lebens begegnen? Seid ihr die zerbrochenen Toten, die nach unbegreiflichem Gesetz den einmaligen Gedanken ihrer Form weiter durch unsere Reihen bis in alle Ewigkeit tragen müssen? Seid ihr die noch Ungeborenen all, Schatten, die eine künftige Existenz in die Gegenwart vorauswirft?

Seid ihr die Mächte und Gewalten der Tiefe und Höhe, die Unsumme gestaltloser Wesen, wesenloser Gestalten, doch wirkender Schicksale, die sich zwischen die beiden einzig realen Pole der Welt drängen, zwischen das Ich und das Du?
Seid ihr die Erzeuger der Bewegungen von Ursprung an, die Zeuger, Zeiger und Zeugen aller Morde, Kriege, Aufopferungen, Heldentaten, Werke, Verbrechen, Liebschaften, Spaziergänge, Feste, Hochzeiten, Vergnügungsfahrten, Sterbensseufzer, Erdbeben und Gartenwindchen, die großen Ruhe- und Unruhestifter, die geheimnisvollen Spindeln, von denen die unsichtbaren Fäden sich abspulen, die alles Lebendige untereinander verbinden? Wer seid ihr, wer seid ihr?

— — — — — — — — — — — — — — — — —

Nichts unterbrach den Rhythmus jener Mächte. Nur die alte Sächsin forderte mich auf, mein Glück zu versuchen.
Ich aber verließ die Hetzinsel und reiste noch am selben Abend weiter.
Von Hamburg schrieb ich folgenden Brief, – und das waren gleichsam meine letzten Worte an die alte Welt:

An die k. k. Staatsanwaltschaft
zu - - - - -

Mein Herr Staatsanwalt!

Als Unbekannter wende ich mich in einer Sache an Sie, die mir sehr am Herzen liegt.
Müßte ich ein Pseudonym wählen, um meinem recht gewöhnlichen Namen einen Sinn zu geben, – ich würde mich *Parricida* nennen.
Ihre humanistische Schulbildung wird sogleich wissen, was die Römer unter dieser Vokabel verstanden, und Sie werden sich gewiß auch des weiteren erinnern, daß es Herzog Johannes mit dem Beinamen Parricida war, der seinen Vater, den deutschen Kaiser Albrecht, auf einem Spazierritt vom Leben zum Tode beförderte.
Ich sage das nur, um zu beweisen, daß jene Zeitung Ihrer Hauptstadt (Morgenpost, deutsches Tagblatt, gegr. 1848, vom 4. Juli 1914) Unrecht hat, wenn sie in ihrem Feuilleton behaup-

tet, der Vatermord wäre ein Privileg der unteren Gesellschaftsschichten.
Er kommt, wie jene allerdings vor grauen Jahren begangene Tat zeigt, in den besten Kreisen vor.
Ich z. B. stamme aus einem alten Offiziersgeschlecht und habe dennoch meinen Vater *zweimal* getötet, wobei es das erstemal sogar recht blutig zuging.
Ich erwähne, mein verehrter Herr Staatsanwalt, den eigenen Fall nur, um in Ihnen ein tieferes Verständnis für einen anderen Fall zu wecken, den Sie gewiß amtlich zu bearbeiten haben werden, ich meine natürlich den Fall des Vatermörders August Kalender.
»Aber, mein lieber Herr Duschek«, höre ich Sie sagen, »wie können Sie einem Juristen zumuten, diese beiden Fälle miteinander zu vergleichen, denn erstens, Ihr Herr Vater, seine Exzellenz, der Feldmarschall, lebt ja noch – – –«
Hier, mein werter Herr Doktor, muß ich Sie leider unterbrechen, denn theoretisch kommt es ja gar nicht darauf an, daß mein Vater lebt!
Ich sehe Sie ein wenig spöttisch lächeln und Sie belieben zu bemerken:
»Für einen Philosophen, Theologen oder sonst einen Kathedermenschen mag es vielleicht theoretisch wirklich gleichgültig sein, für den Juristen aber ist nur das reale Faktum gültig und vorhanden. Und dann! Ihr Herr Vater ist wohl dem alten Julius Kalender recht wenig vergleichbar. Wer hat den strammen, strengen, feschen Offizier vor Jahren in unserer Stadt nicht gekannt? Das war der richtige Marssohn, ein rauher Kriegsmann, Soldat von echtem Schrot und Korn, bei dem es keine Weichheiten und Nachgiebigkeiten gab. Der Sohn eines solch schneidigen, geraden Mannes ist gewiß nicht auf Daunen gebettet; er muß etwas leisten, empfängt mehr Scheltworte als Belobungen, und da wir Juristen ja Seelenkenner und erfahrene Psychologen sind, können wir die Meinung gelten lassen, daß durch solche, vielleicht allzu straffe Erziehung in einer jungen Seele Wunden, Brüchigkeiten, Schorfe entstehen, die später zu Haß, Feindschaft und bösen Taten führen mögen.
Daß das Gesagte bei Ihnen gewissermaßen eingetreten ist und auch bestraft wurde, ist hieramts bekannt.

Sie sehen, Herr Parricida, ein Staatsanwalt hat mitunter auch das Zeug zum Verteidiger.
Aber stimmen denn die obengenannten mildernden Umstände für den bestialischen August? War sein Vater nicht ein Bonhomme, eine Art Künstlernatur, ein gutmütiger Witzbold, ein schwächlicher Papa, der niemals Radau machte und die Sauf- und Hurenschulden jenes sauberen Gesellen immer wieder zahlte?«
Erlauben Sie mir, mein Herr Staatsanwalt, hier eine Bemerkung:
Ob der Vater hart oder weichmütig ist, bleibt sich in einem *letzten Sinne* fast gleichgültig. Er wird *gehaßt* und *geliebt*, nicht weil er böse und gut, sondern weil er *Vater* ist.
Dieses Geheimnis, diese sehr unscheinbare aber recht tiefreichende Erkenntnis habe ich den schwersten Stunden meines Lebens zu verdanken, vor allem einer Stunde, wo viel vom Wesen der Welt sich meinem Gefühl enthüllte.
Sie fragen:
»Wenn der Haß gegen die Väter ein allgemeines Naturgesetz ist, unter dem die Söhne stehen, warum bringen nicht mehr Söhne ihre Väter um, warum ist im Rechtsbewußtsein der Zeiten der Vatermord seit je der scheußlichste der Morde geblieben? Antworten Sie: Warum bringen nicht mehr Söhne ihre Väter um?«
Ich aber sage Ihnen:
Sie bringen sie um.
Auf tausend Arten, in Wünschen, in Träumen und selbst in den Augenblicken, wo sie für das väterliche Leben zu zittern glauben.
Sie, Verehrtester, haben klassische Bildung genossen. Ich leider nicht. Denn mein Vater, so gut er's eben wußte, hatte mich zum Besuch der Kadettenschule verdammt. Dennoch kenne auch ich jene griechische Tragödie, wo Ödypus unwissend, daß der grauhäuptige Reisende sein Vater ist, den alten Mann erschlägt. Diese Tragödie ist eine wahre Fundgrube der Metapsychik des Menschen und ich scheue mich nicht, mit Sophokles zu glauben:
Jeder Vater ist Laïos, Erzeuger des Ödipus, jeder Vater hat seinen Sohn in ödes Gebirge ausgesetzt, aus Angst, dieser könnte ihn um seine Herrschaft bringen, d. h. etwas *anderes werden*,

einen anderen Beruf ergreifen als den, den er selbst ausübt, seine, des Vaters, Weltanschauung, seine Gesinnungen, Absichten, Ideen nicht fortsetzen, sondern leugnen, stürzen, entthronen und an ihre Stelle die eigene Willkür aufpflanzen.
Jeder Sohn aber tötet mit Ödipus den Laïos, seinen Vater, unwissend und wissend den fremden Greis, der ihm den Weg vertritt. Und – damit wir uns besser verstehen – betrachten Sie doch im großen und ganzen die Generationen, wie sie einander gegenüberstehn!
Sie sind genug Psychologe und Berufsmensch, um die Abneigung und Angst zu kennen, mit denen die älteren Beamten, Militärs, Kaufleute, Künstler den Weg der jüngeren Kollegen verfolgen. Die Alten möchten die Jungen alle abschaffen oder ihnen zeitlebens wenigstens als dankbaren Schülern, gelehrigen Jüngern den Meister zeigen. Die Triebkraft unserer Kultur, Herr Staatsanwalt, heißt Vergewaltigung! Und die *Erziehung*, die wir so stolz im Munde führen – auch diese Erziehung ist nichts anderes als leidenschaftliche Vergewaltigung, verschärft durch Selbsthaß, Erkenntnis *eigener* Blutsfehler am Ebenbilde, die jeder Vater statt an sich selbst, an seinem Sohn bestraft.
Die Tragödie – Vater und Sohn – ist wie jede andere über einer Schuld gebaut. Wollen Sie die Schuld dieser allgemeinen menschlichen Tragödie wissen? – Sie heißt: gierig unstillbare Autoritätssucht, sie heißt: Nicht-beizeiten-Resignieren können!
Ach, mein Herr Staatsanwalt, wissen wir, ob die Gutmütigkeit des liebenswürdigen Julius zu seinem verkommenen August nicht auch eine der Millionen Spielarten der Autoritätssucht war? Gestehen wir uns nur ein, wir kennen Vater und Sohn Kalender recht wenig, wissen nichts von dem Wesen ihrer Beziehung, denn Julius kann nicht mehr sprechen und August – will es nicht.
Aber, es steht fest, daß dieser Vatermord kein Raubmord war.
Eines noch!
Der Fall Kalender und der Fall Duschek (es tut mir nichts, daß Sie mich für verrückt halten), dürfen aus folgendem Grunde klassisch genannt werden.
Der Beruf, zu dem mein Vater mich von frühauf zwang, war der Beruf des *Tötens*! Fechten, Schießen, Taktik, Artillerieun-

terricht, – all das, was ich in vielen bitteren Stunden, ohne meinen Widerstand überwinden zu können, lernen mußte, all das war die Wissenschaft vom Mord.
Und August Kalender? In welchem Beruf hielt ihn sein Vater fest? Von erster Jugend an sah er tagaus, tagein nichts anderes als jene Bälle, hart wie Steine, die roh, wuchtig, von häßlichen Ausrufen begleitet, menschliche Köpfe bombardierten.
Die Schule, Verehrtester, in die uns beide unsere Väter schickten, war eine Akademie des Menschenmords!
Wer also ist der Schuldige?
Es gibt ein altes albanisches Sprichwort:
»*Nicht der Mörder, der Ermordete ist der Schuldige!*«
Ah! Ich will mich nicht freisprechen. Ich, der Mörder, und Er, der Ermordete, wir beide sind schuldig! Aber Er, – Er um ein wenig mehr.
Sollte es aber noch »Mitschuldige« oder besser gesagt »Hauptschuldige« geben, Schicksalsbazillenträger guter und böser Art, die uns anstecken, »Geister im Wind, die uns an den Mantelenden vorwärts zupfen?«
Sehen Sie! Am dreißigsten Mai vorigen Jahres, eben demselben Tag, an dem ich zum zweitenmal die Hand wider meinen Vater erhob, war mir ursprünglich keine geringere Absicht suggeriert worden, als ein Attentat gegen den Zaren von Rußland.
Von wem?
Von den reinsten Menschen, den uneigennützigsten Fanatikern! Ja, zum Teufel, das waren sie alle, obgleich ich Augenblicke habe, wo es mir scheint, sie wären Wahngebilde, Traumgespenster gewesen, und ich hätte nie Opium geraucht. – Aber, verzeihen Sie mir, das gehört gewiß nicht hierher.
Hingegen fordere ich Sie, mein Herr, der Sie Richter sind, auf, bevor Sie Ihre Anklageschrift in die Hände des Gerichts legen, eine Nacht in Kalenders Bude, in der Gesellschaft seiner Charakterpuppen zu verbringen.
Gern möchte ich es selber wissen: Ruhen diese Figuren in der Nacht, oder müssen sie im Rhythmus ihrer Verdammnis auch zu öder Stunde auf und nieder schweben?
Schleichen die alten Klavierspieler, Tanzlehrer, Leichenbitter auch im Morgengrauen durchs Zwielicht; sie, die geduldig ihre Köpfe den frechen Bällen preisgeben, sie denken wohl: »Oh, ihr kleinen und großen Idioten, die ihr meint, uns *leider Unver-*

wundbare treffen zu können! Wir sind die Fata Morgana nur zwischen eurem Ich und Du. Uns glaubt ihr zu verwunden und tötet einander!«

Ich schwöre es Ihnen, Herr Staatsanwalt, Sie werden angesichts der Kalenderschen Automaten diesen Brief verstehen.

Reinlich und wahrhaftig will ich dieses so amtsungebührlich lange Schreiben schließen.

Ich habe viel von der Feindschaft zwischen Vätern und Söhnen gesprochen.

Oh, glauben Sie mir, auch ich habe die Liebe des Sohnes zum Vater kennen gelernt. Ja, heute weiß ich es, diese Liebe war der stärkste Trieb meiner Seele, der verzehrendste Besitz meines Lebens gewesen; sie hat alles andere Leben von mir entfernt und mich zu meinem Unglück bis zum Rand erfüllt! Ich kenne diese Liebe. Sie muß die scheueste und geheimnisvollste von der Welt genannt werden, denn sie ist das Mysterium der Einheit und des Blutes selbst.

In der festen Hoffnung, daß Sie, Herr Staatsanwalt, unbedingt eine Nacht in der Kalenderbude verbringen werden, bin ich

> Ihr sehr ergebener
> Karl Duschek.

Ich habe hier genau die Kopie meines Briefes an den Staatsanwalt jener Hauptstadt wiedergegeben.

Am nächsten Tag ging ich in Cuxhaven an Bord des »Großen Kurfürsten«. Nach einer Reise von zehn Tagen erblickte ich die große Statue auf Liberty Island. Lärm und Musiken kamen fern und dumpf übers Meer.

Es war der erste August des Jahres Neunzehnhundertundvierzehn.

Hier aber die Worte eines Geretteten als

Epilog

Ich habe meine Kindheit und Jugend in einer Welt verbracht, wo, wie ich glaube, kein Mensch auch nur eine Ahnung vom *rechten Erlebnis* in sich trug. In einer Welt von aktiven und

passiven Narren habe ich die unwiederbringlichsten Tage meiner Laufbahn verloren.
Unter falschen Gewichten stöhnend schuf die Seele falsche Gegengewichte.
Wenn ich an alles und an alle zurückdenke, erscheint vor meinem Auge ein Zug grabentlaufener Gestalten, die so phosphoreszieren, daß es mir unmöglich scheint, sie zu beschreiben. Und ich? Ich selbst bin mitten darunter.
Ich habe sie, mich, uns alle geschildert, aber wir waren, heute weiß ich es, alle so wenig *wirklich*, so wenig *wahr*, daß notwendig die Beschreibung voll unwahrscheinlicher Dinge sein mußte.
Weg damit!
Denn ich sehne mich, von mir selbst zu sprechen!
Da wäre viel, sehr viel zu sagen! So zum Beispiel, wie ich meine letzte Gefahr überwand, mein schwerstes Opfer brachte! Welche Gefahr wird man fragen. Wenn mich auch nur wenige verstehen werden, habe ich zu antworten:
Die Musik!

Ich habe eins erkannt:
Alles ist *sinnlos*, was der Welt nicht neues Blut, neues Leben, neue Wirklichkeit zuführt. Einzig um die neue Wirklichkeit geht es.
Alles andere gehört dem Teufel an. Vor allem aber die Träume, diese entsetzlichen Vampire, denen sich alle Schwächlinge und Memmen hingeben, alle, die niemals aus dem Winkel der Kindheit kriechen wollen. Und das wollen viele nicht, viele tausend Männer, ja Millionen bleiben lieber in den dunklen Dunstecken ihrer Kinderzeit verkrochen. Mir scheint, ihr da drüben, daß eure Welt der Uniformen, Höfe, Orden, Kirchen, Flitterrepubliken, Industrien, Handelsbeflissenheiten, Moden, Kunstausstellungen, Zeitungen und Meinungen, mir scheint, daß diese Welt nichts anderes vorstellt, als einen großen modrigen, verspinnwebten, dekorierten Winkel, in dem sich, mit Wahn und Träumen Unzucht treibend, die große Kind-Angst der Menschheit verkriecht.
Rette sich wer kann!
Was aber führt der Welt Wirklichkeit zu? Wer kann das sagen?

Der Gedanke, der zuerst das Feuer herabgebracht hat, ebenso wie der rauhe Lustschrei eines Wandernden in der Morgenröte! Der Blick, der zum erstenmal den Sternenknäuel entwirrt hat, die Hand, die zum Urschiff die Balken zusammenband ebenso, wie das langsame Auge einer säugenden Mutter, der göttliche Schritt eines schönen Weibes und jegliche Herzenstapferkeit.
Wer kann sagen, was *Produktivität* ist?
Aber was sie auch sein mag, sie ist nur das, was aus gerader unmittelbarer Seele kommt.
Drum hütet euch vor den Träumen der Krummen, Zertretenen, Verdrehten, Witzigen, Rachsüchtigen, wenn sie diese Träume als Schöpfertaten feilbieten!
Seitdem ich Wirklichkeit erlebt habe, sehne ich mich nach einem *Sohn*.
Doch nein!
Jetzt darf ich es ja verraten.
Ich habe das erstemal an *meinen* Sohn gedacht, *meinen* Sohn in einer deutlichen Vision gesehen, als ich meinen Vater mit erhobener Waffe im Kreis um den Billardtisch jagte.
Und das war die Tiefe des Mysteriums jener Nacht!
Wir haben die Erde verlassen. Sie hat sich gerächt, indem sie uns alle Wirklichkeit nahm, tausend Wahne dafür und schlechte Träume gab.
Ich aber will mein Geschlecht wieder der Erde verschwistern, einer endlosen ungebundenen Erde, damit sie uns entsühne von allen Morden, Eitelkeiten, Sadismen, Verwesungen des dichten Zusammenwohnens.
Vor einigen Monaten habe ich geheiratet. Es geht uns leidlich gut und noch besser.
Aber – daß ich es nicht vergesse, in den nächsten Tagen hoffe ich handelseinig zu werden.
Ich denke dabei an die kleine Farm im Westen, die ich kaufen will.

Die Hoteltreppe

Der Liftboy machte verzweifelte Augen, aber der Fahrstuhl war komplett. Viel lieber hätte er die junge Dame befördert als eine trockene Last von vier Engländern, die ernst des Emporschwebens harrten.
Francine hielt den wichtigen Brief in der Hand, den sie, vom Speisesaal rückkehrend, empfangen und kaum noch durchflogen hatte. Sie wußte nicht, was in dem Briefe stand, keine Worte, keine Einzelheiten, aber sie wußte, daß er ihr Philipps Herz ungetrübt entgegenbrachte, und dies gerade in dem Augenblick, da sie die Sicherheit hatte, von Guido frei zu sein.
Das junge Mädchen verwunderte sich, daß dieser rettende Augenblick, den sie während der letzten sieben Nächte so heiß herbeigebetet hatte, nun, da er ihr gewährt war, keine größere Empfindung, kein krampfhaftes Glück in ihr wecke. Vielleicht ist es dieser Verwunderung und dem Wunsche nach deutlicheren Gefühlen zuzuschreiben, daß Francine die Rückkunft des Fahrstuhles nicht abwartete, sondern sich der breiten, rot und dickbelegten Treppe zuwandte, die den riesigen Schacht des Prunkhotels in sanft ansteigenden Rechtecken hoheitsvoll umzirkte.
Eine Befreiung war zu feiern, wie man sie größer nicht denken kann. Noch heute – nachdem am Ende der Woche die Grenze der Ungewißheit fast erreicht war – schien jede Hoffnung verwirkt, und in Francinens klarem und wohlgeordnetem Geiste drängten sich unerbittlich die Vorkehrungen, Lügen und widerlichen Folgen, die notwendig sein sollten.
Sie hatte alles wohl überlegt. An Härte gegen sich selbst fehlte es ihr nicht. Philipp? Nun, Philipps Rechte bedrückten sie am wenigsten. Hatte er denn Rechte an sie? Rechte, durch welche Vorzüge und Leistungen erworben?
Aber ihre Eltern belügen zu müssen, niederträchtige Ausreden und Hintergehungen zu erfinden, und dies alles mit freier Stirn und gespielter Heiterkeit, wie hätte sie das fertigbringen

sollen! Ihre Eltern waren sehr alt und von der ahnungslosen Sittenstrenge längst verschollener Zeitalter erfüllt. Nicht daß sie, Francine, gegen solche Sittenstrenge auch nur in einem Winkel ihres Herzens rebelliert hätte. Sie war durchaus einverstanden mit ihr, wie mit jeder Festlegung und Erschwerung des Lebens.

Obgleich sie von solchen Dingen keine starre Meinung hatte, fand sie es doch entzückend von Papa, dem ehemalig kaiserlich-königlichen Minister, daß er die Gegenwart ignorierte, daß er immer am Geburtstage seines langverstorbenen, sagenhaften Monarchen am häuslichen Tische in feierlicher Kleidung erschien und – wenn auch der Anlaß mit keinem Wort erwähnt wurde – ein stilles Gedenkfest zelebrierte. Sie war viel zu jung, um wider die Gegenwart irgendwelche Erbitterungen aus verletztem Standeshochmut zu hegen, dennoch empfand sie einen Abscheu vor aller Verbilligung des Lebens und hatte sich so auf ihre Weise gegen die Zeit gestellt, indem sie ihr blondes Haar nicht kurzgeschnitten trug. Und doch, auch die konservative Länge ihres Haares hatte ihr keinen Schutz geboten...

Nun aber war die Erlösung da! Das Kaum-mehr-Erhoffte hatte ihr Gott geschenkt. Allein so schnell verzog sich der braune Nebel, der sie sieben Tage lang umlastet hatte, so selbstverständlich blieb jetzt alles beim Alten, so rasch war aus ihrem Erlebnis ein widerwärtiger Traum geworden, und nicht einmal ein Traum, daß sie die Flinkheit ihres Vergessens wie eine Unzucht empfand.

Francine stand am Fuße der Treppe. Sie sah, daß man in der Halle schon die Tische für die Abendmusik und den Tanz rückte. Es war höchste Zeit zur Flucht. Sie hob den Kopf und maß den Abstand, der sie von ihrem Zimmer im letzten Stockwerk trennte. Der kathedralenhohe Raum wuchs schwindelnd über ihr. Und in der Höhe des Abgrunds hing der gewaltige Kronenlüster mit seinen mattblitzenden, leisklirrenden Prismen und schien in einem geheimnisvollen Luftzug zu schwanken.

Sie dachte an den Wallfahrtsort, wohin die Mutter sie einmal, noch als Kind, mitgenommen hatte. Hundert und mehr Stufen führten zur hohen, felsumpanzerten Kirche. Und die Mutter war all die hundert Stufen in Leistung einer Buße, zerknirscht, auf den Knien emporgerutscht.

Wie nichtig mochte die Sünde der armen, immer schweigsamen Mutter gewesen sein, für die sie also andächtig Buße tat. Die Zeiten haben sich verändert und den Glauben geschwächt. Sie, Francine, würde nicht die hundert Stufen zu einer hohen Kirche hinanknien, aber immerhin den bequemen Fahrstuhl verschmähen und die teppichrote Treppe dieses Prunkhotels – in ihrem besten Abendkleid allerdings, mit bloßen Schultern und Armen – bußfertig emporwandern.
Langsam setzte sie den Fuß auf die erste Stufe.
Der Weg, der vor ihr lag, kam ihr weit und beschwerlich vor wie eine einsame Bergbesteigung, denn in dieser Minute war in dem mächtigen Treppenraum des Hotels kein Mensch zu sehen, und ganz verlassen fühlte sich Francine in diesem Raum, den zu überwinden sie sich auferlegt hatte. Aber nicht allein den Raum zu überwinden galt es.
Als Kind schon hatte sie gelernt, ohne Schwindel und Schwäche sich selber Rechenschaft zu legen. Sie hatte gelernt, daß alle Träumerei, die Flut undeutlicher Gefühle Sünde sei, und die Religion eine ständige Gewissensforschung gebiete. Nun war mit einem Schlage die unübersehbare Verwirrung behoben. Im letzten Augenblick war das Unerwartete geschehen, Gott selber hatte sich erbarmt und Gnade vor Recht ergehen lassen.
So war es denn ihre Pflicht, ehe sie Guido für ewig in den Abgrund warf, ehe alles für immer ungeschehen blieb, ja nun hatte sie die harte Pflicht, das Gesicht des Mannes noch einmal zurückzurufen. Aber wie strenge sie auch die Brauen kräuselte und ihre Stirn in Falten legte, Guido hatte kein Gesicht!
Francine sah angestrengt auf die Stufen nieder, um sein Bild aus dem Teppich zu locken. Doch nichts anderes erblickte sie als ihre schmalen und schwachbeschuhten Füße, die – und das hatte etwas Rührendes – gleichmäßig vor ihr einhertraten. Jenes Menschen aber konnte sie in sich nicht habhaft werden. Nichts von ihm war gegenwärtig, kein Zug, kein Wort, nur sein Flüstern während jenes gefährlichen langsamen Bostons, den sie leider mit ihm getanzt hatte.
Dieses Flüstern hatte keinen Inhalt; keiner Schmeichelrede, keines Liebeswerbens entsann sie sich. Nichts anderes war es als »Flüstern«, wie Wind nichts anderes ist als Wind, und wie Wind hatte das Flüstern mit lustig-spitzer Zunge ihre Ohrmuschel geküßt.

Francine machte eine neue Anstrengung, mehr von Guido zu bannen als jenes kitzelnde Flüstern. Aber – wenn sie auch vor Willensanspannung die Zähne zusammenbiß – nichts anderes vermochte sie zu beschwören als eine tadellose Gliederpuppe im Smoking, die dieser und jener sein konnte, alle, nur Philipp nicht, der etwas dicker und kleiner war als Guido oder dieser und jener hier im Hause.

Durchaus lächerlich erschien die tadellose Gliederpuppe, wenn sie ohne Rock im schwarzseidenen, überscharf in die Taille geschnittenen Gilet dasaß. Überdies saß sie in ihrem, Francinens, eigenen Zimmer, das zum Unglück die Nummer 517 trug. Sie saß im ersten empörenden Morgengrauen am Toilettetisch und rieb sich mit Francinens Cold-Creme die weiß-ovale und selbstüberzeugte Scheibe ein, die sie an Stelle eines Gesichtes trug. Francine konnte vom Bette her, in dem sie schamlos lag, der Gliederpuppe eitel-ausführliche Anstalten beobachten, als wäre das Ganze nichts als selbstverständlich.

Aufrichtig fand sie es auch nicht grauenhaft und nicht zum Weinen, sondern nur gleichgültig.

Dies also war die Liebe!

Und warum sollte die Liebe etwas anderes sein? Ein kitzelndes Flüstern im Ohr! Ein verlegener Rausch! Ein Gesicht, das nur eine eitle Scheibe ist, vor die man alle möglichen Physiognomien schieben kann!

Doch etwas anderes war in der Liebe noch enthalten, etwas sehr Ernstes und Unerbittliches, das nichts mit Smoking, Boston, Gliederpuppen, Flüsterwind, Cold-Creme und leeren Gesichtsscheiben zu tun hatte. In all diesen Tagen des unsicheren Bangens hatte Francine nur eine wirkliche Schmach erlebt. Das war die Szene in der Apotheke.

Fünfzehn Minuten lang hatte sie es nicht gewagt, in den Laden einzutreten. Sie setzte die Worte der fremden Sprache, die sie sprechen sollte, immer wieder zusammen und nahm sie verzweifelt immer wieder auseinander in ihrem Sinn. Vor allem aber hoffte sie, daß sie in dem Magazin einen weißbärtigen, uralten Apotheker vorfinden werde, einen gütigen Greis, dem sich anzuvertrauen kein Ding der Unmöglichkeit sein würde.

Sie stand dann zwar vor keinem jungen, aber auch keineswegs

vor einem alten Apotheker, sondern – wie die Schwäche in ihren Knien es zeigte – vor einem Mann in den ekelhaftesten Jahren. Kein Wort brachte sie vorerst heraus, wurde rot und röter, und diente den zynischen Augen des Drogisten zur Weide, der sich wohl hütete, ihre Verzweiflung und seinen Genuß abzukürzen. Nach einer Weile dröhnenden Schweigens platzte sie endlich mit dem ungehörigsten aller Worte heraus und war einer Ohnmacht nahe.

Der Apotheker entschlossen, den Reiz der Szene bis auf die Neige zu kosten, stellte mit der hochnäsigen Miene ärztlicher Sachlichkeit unverschämte Fragen, riet, warnte, und verlor sich immer tiefer in üppige Verfänglichkeiten. Als ihm nichts anderes mehr übrigblieb, verabfolgte er ein Fläschchen mit roten Pillen, deren Wirkung er jedoch grausam-lüstern in Zweifel zog, und reichte Francinen endlich die Adresse einer sicheren weisen Frau, wobei er zärtlich ihren Arm abtastete.

Wenn sie eine Sünde begangen hatte, dort im Apothekerladen war sie gebüßt für alle Zeiten. Der Himmel selbst schien mit dieser Buße zufrieden zu sein, denn heute hatte sich das Präparat des widerlichen Menschen gegen seinen eigenen Zweifel als wirksam erwiesen.

Nun mußte sich Francine nichts mehr vorwerfen. Guido war ein tadelloser Smoking mit einem unvorstellbaren Gesicht über dem Kragen, er war ein fader, langsamer Boston, dessen gummiartige Melodie man ebenso schnell vergißt wie jenes raffinierte Flüstern. Gestern hatte sie dem Menschen seinen zweiten Brief uneröffnet zurückgesandt. Ein dritter und vierter Brief wird wohl noch kommen. Natürlich! Soviel ist sie wohl wert! Aber nach dem siebenten oder neunten vergeblichen Versuch wird der Herr seine schriftlichen Zudringlichkeiten unterlassen. Nach Rückkehr der Eltern dürfte sie es kaum mehr nötig haben, die Post zu beaufsichtigen.

Während Francine über den teppichdumpfen Treppenabsatz des ersten Stockwerks hinschritt, war es beschlossene Sache, daß nun, nie und in alle Ewigkeit nicht, Guido gelebt hatte.

Mit leichten und heiteren Beinen begann sie jetzt die neuen Stufen zu ersteigen, während sich ihr Blick voll unbekannten Wohlwollens in Philipps Brief versenkte:

»Meine geliebte Francine«, – las sie – »endlich ist der große Wurf gelungen. Ich habe für uns beide die schönste Zukunft

gezimmert. Mit Stolz kann ich sagen, daß ich nur meiner Tätigkeit und keiner Protektion den unerwarteten Erfolg verdanke. Das New Yorker Haus schickt mich in leitender Stellung nach Genf, wo ich das europäische Zweigunternehmen errichten und führen soll. Wir werden, meine süße Geliebte, die ersten Jahre unserer Ehe am Genfer See zu Füßen des Mont Blanc verleben. Ist das nicht herrlich?...«
Das unbekannte Wohlwollen war weg. Der salbungsvolle Tonfall von Philipps Worten verfolgte die Schreitende.
»Großer Wurf gelungen!«... »Ich habe uns beiden eine schöne Zukunft gezimmert!«... »Tätigkeit!«... »Unsere Ehe!«... »Zu Füßen des Mont Blanc!«
Guido hatte kein Gesicht, aber Philipp hatte ein Gesicht, ganz und gar das Gesicht, welches sein Briefstil ihr aus Amerika herübertrug. Scharf sah die Zornige es vor sich. Sie sah die blonden Härchen einer werdenden Glatze im Winde spielen. Philipps blaue Augen (das Schönste an ihm übrigens) reichten ihr gerade bis zum Mund. Ohne den Kopf zu bewegen, hatte sie manchmal seine Augen geküßt, aber nur aus Mitleid, weil sie so groß war und er so klein. Hatte ein Mann, dessen Augen ihr gerade bis zum Mund reichten, der in Amerika Geschäfte machte und über diese »Tätigkeit« pathetische Schriftrede führte, als wären's Rittertaten, hatte solch ein Mann das Recht, ihrer so sicher zu sein?! Wer war er denn? Hatte er Papas feine und resignierte Miene bei seiner Werbung nicht verstanden?
Francine konnte nicht weiterlesen und ertappte sich dabei, daß sie vor Ärger – als hätte sie sich selber gar nichts vorzuwerfen – zwei Stufen auf einmal nahm.
Plötzlich schrak sie zusammen und verlangsamte ihre Bewegung.
Ein großer, glänzend aufgerichteter Herr im Frack mit Umhang kam ihr entgegen, die Treppe hinab. Ehe sie den Blick gleichgültig zur Seite schweifen ließ, nahm sie ein hartes, knochiges Modegesicht wahr, wie sie's totz allem liebte, und grau-leuchtende Schläfen. Der Herr seinerseits bereitete ein ausführliches und eindrucksvolles Vorübergehen vor.
Der für Francine höchst unangenehme Augenblick der Begegnung schien ihr endlos. Sie konnte sich, während sie Glieder und Blicke einzog, als wären sie Atem, die merkwürdige Frage stellen, ob zwei Schiffe, die draußen auf einsamer See Bord an

Bord aneinander vorüberstreichen, ein ähnlich peinvoll-benommenes Gefühl haben, wie sie jetzt.
Der Herr war hinter ihr verschwunden! Sie spürte aber genau und hingebungsvoll, daß er stehenblieb, kehrt machte und ihr nachsah. Da verwandelte sich Francine und verlor alle Gedanken. Wie ein Pferd ging sie gleichmäßig im Gespann des Männerblicks, der sie kräftig von hinten zügelte. Sie senkte tief den Kopf, als schritte sie gegen den sanften Widerstand eines erfahren gelenkten Geschirrs vorwärts. Heimliche Scheuklappen blendeten rechts und links ihre Augen ab, die doch kein Schreckbild und nichts anderes hätten sehen können als den falschen Marmor der Hotelwände. Langsam setzte sie Bein vor Bein mit der vorsichtigen Zierlichkeit eines Maultiers. Sie ging mit ganz engen Gliedern. Ihre Knie rieben sich oft aneinander, als müßten sie den Schritt mahlen wie ein unsichtbares Getreide.
Francine konnte es vor sich selbst nicht ableugnen, daß ihr der aufgezwungene Gleichtakt und die umwölkte Gedankenlosigkeit wohltaten, daß sie ihr den Weg erleichterten. Als des Herrn Tritt unter ihr, von neuem hallend, sich entfernte, bedauerte sie es fast, ohne Fesseln und sich selber überlassen weitergehn zu müssen.
Noch immer unendlich hoch hing der Kronleuchter von der Kuppel herab. Sie fühlte die Versuchung, müde wie sie war, nach dem Lift zu schellen und sich in den fünften Stock und in ihr Zimmer bringen zu lassen, dessen Ziffernsumme, wie sie es abergläubisch längst berechnet hatte, Dreizehn ergab. Aber sogleich stand sie von dieser feigen Verirrung ab. Es war nicht ihre Art, Entschlüsse so leicht aufzugeben, die kleine Selbstbestrafung und ihren Willen der Bequemlichkeit aufzuopfern, wenn sie ihn auch – aus welchen Gründen immer – einem Menschen aufgeopfert hatte, von dessen Gesicht sie nichts mehr zurückrufen konnte, als eine leere weiße Scheibe.
Im Weitersteigen begann sie Philipps Brief neuerdings zu lesen. Ihr Unmut war verschwunden: nur daß sie die Seite, die sie geärgert hatte, überschlug. Da fiel ihr Blick auf einen Satz, der sie so stark ergriff, daß sie mitten auf der Treppe stehen blieb:
»Ich verdiene Dich nicht, meine hohe königliche Francine! Du stehst über mir in jedem Sinne als Leib und Blut, als Mensch

und Geist. Was dürfte ich von Dir anderes verlangen, als daß Du mir erlaubst, Dir zu dienen und Dich zu verstehen, solange ich Leben habe. – Alles was Du tust, wird für mich ewig wohlgetan sein, und wäre es Schädigung, Verrat, ja Vernichtung meiner eigenen Person! Von Dir habe ich nichts zu fordern. Dir aber gebe ich die Macht über mein Leben und meinen Tod.«

Francine küßte, ohne sich zu bewegen, Philipps gute Augen. Das erstemal küßte sie diese blauen Augen (als trennte sie Beide das Meer nicht) mit stillem Überschwang. Wie hatte sie ihm vorhin unrecht getan! Oh, Philipp verstand mit wahrem Edelmut seine Stellung! Er war der Zarte und Feste, er war die einzig zuverlässige Seele, von der sie immer geliebt werden würde. In seiner wundersamen Zärtlichkeit hatte er dort drüben *alles* empfunden. Er ahnte alles und maßte sich nichts an. Sie war überzeugt davon, daß er den Zwischenfall auf geheimnisvolle Weise vorverspürt hatte und daß sein Brief die Antwort auf ihr Erlebnis sei. Wie märchenhafte Nerven besaß Philipp doch trotz seiner »Tätigkeit«! Er weiß alles, ohne etwas zu wissen, und sie wird es ewig verschweigen dürfen, ohne eine Lügnerin zu sein.

Francine schluckte glücklich an ein wenig Tränen. Das erstemal seit so vielen Tagen löste sich die Lethargie von ihrer Stirn. Jetzt erst empfand sie mit ganzer Kraft die Fülle der Gnade, die ihr zuteil geworden. Sie sah mit offenen Augen, welchen Erniedrigungen und Häßlichkeiten sie entgangen war, in die sie sich fast schon gefunden hatte. Und Philipps Brief riß die feinsten Wurzeln ihrer Verwirrung aus der Wirklichkeit, ein starkes Gelöbnis erst löste die letzten Schatten Guidos von ihrem Schicksal. Jetzt lag die tadellose Gliederpuppe wahrhaft im tiefsten Abgrund, und ein dichtes Grab wälzte sich über sie. Nichts war geschehn. Francine aber war frei. Francine war wieder Francine.

Klopfenden Herzens sprang sie die nächsten Stufen empor. In einem wahren Rausch gehetzter Innigkeit entwarf sie jetzt nichts anderes als das Bild der Wohnung, die sie mit ihrem Verlobten bald beziehen würde. Im Fluge teilte sie die Zimmer ein und nahm auf Wärme, Ruhe, Wohlbehagen ihres künftigen Gatten zärtlichen Bedacht. Sie kannte Genf nicht, aber es war klar, daß ihre Wohnung in keiner schlechteren Gegend

liegen dürfe als am Quai Mont Blanc, mit allen Fenstern auf den See hinaus. Sie versuchte auch zu glauben, daß ihre Gleichgültigkeit gegen Kinder eine heilbare Eigenschaft sei, Philipps wegen. – Wie gut war alles abgelaufen! In ihrer Zukunft klaffte kein Riß mehr. Für den Beginn des nächsten Monats kündigte Philipp seine Rückkehr nach Europa an. Sie war fest entschlossen, ihm bis Hamburg entgegenzureisen und ihn niemals mehr zu verlassen. Sie hielt es nicht nur für Zufall, daß er sich heute vielleicht schon in New York eingeschifft hatte.
Francine faltete mit heißen Händen den Brief zusammen. Da bemerkte sie, daß vor ihr auf der Treppe eine uneröffnete Depesche lag. Zugleich mit Philipps Schreiben war sie ihr im Augenblick der Schicksalswende übergeben worden. Sie hatte sie, ohne es zu wissen, die ganze Zeit festgehalten. Sofort wußte sie: Die Eltern!
Vater und Mutter hatten sich eine Reise nach Sizilien gegönnt. Sie selbst, der trüben Gesellschaft und des sorgenden Dienstes an den Alten müde, war auf eigenen Wunsch zurückgeblieben. Allerdings die Gewährung dieses Wunsches hatte harte Kämpfe gekostet. Papa wollte es auf keinen Fall dulden, daß sie frei und ohne jede Behütung die Zeit hier verbringe. Erst den stillen Künsten Mamas, gewissen kränkenden Anspielungen auf die veränderten Verhältnisse und Sitten, auf die allgemeine Emanzipation und auf Francinens baldige Ehe war es gelungen, den Vater zum Verzicht auf sein Interdikt zu bewegen. Empfindsamer Verzicht, ja, das war Papas Lebenselement! Aber wie recht hatte er diesmal gehabt mit seiner veralteten Angst!
Francine erwartete eine Nachricht aus Palermo. Sie riß das Telegramm auf. Es war von Neapel datiert, woher ihr die Eltern mitteilten, daß sie schon morgen vor Mittag sie zur Heimreise abholen würden.
Fast hätte Francine aufgeschrien. In dieser Depesche erblickte sie das letzte Himmelsgeschenk. Sie spürte es körperlich, wie die Lieben von allen Seiten aufbrachen, sie zu entsetzen wie eine Belagerte. Sie spürte das sekundliche Näherkommen des Rettungswerkes. Die Gnade Gottes war vollkommen. Nur eine Nacht noch mußte sie in diesem verfluchten Zimmer überstehen, nur eine Nacht noch in dem verfluchten Bette schlafen! Mit ihrer ganzen Last fiel sie in die Wirklichkeit zurück. Vor

dem morgenfrischen Bilde der Abreise wich der letzte Rest des schmutziggrauen Traumbannes.

»Sofort die Koffer packen!«

Und sie stürmte die zehnte Stufenreihe empor.

Hochaufatmend stand sie oben. Aber sie hatte ihrem Herzen zu viel zugemutet. Und auch ihre Augen konnten jetzt die Linien und Farben der Dinge nicht aufrechthalten. Alles schob sich ineinander. Einen Augenblick mußte sie stehnbleiben, ruhen, ehe sie den Weg in ihr Zimmer fortsetzte, das letzte kleine Stück über den Gang, das ihr jetzt so weit und mühsam erschien.

Hingegen hing der ungeheure Lüster in ihrer Augenhöhe, das mattblitzende, leisklirrende Märchengeschöpf, das Francinens Blick seit dem ersten Tage mit kindhaften Phantasien angezogen hatte. Er schwankte wirklich in einem leichten, zauberhaften Ausschlagswinkel oder beschrieb, wenn man schärfer hinsah, einen kleinen, kaum merklichen Flugkreis. Francine trat an das Geländer des Treppenabsatzes, denn sie fühlte plötzlich das Bedürfnis, diesem strahlenden Riesenvogel, der mit ausgebreiteten Schwingen über dem Abgrund schwebte, näher zu sein.

Das Geländer, das den Korridor von der fürchterlichen Tiefe trennte, war nicht hoch. Francine konnte sich mit freiem Oberkörper weit vornüberbeugen. Und sie sah jetzt – ihr Herz hatte sich wieder beruhigt – ohne jeden Schwindel hinab, sah, wie sich die Halle mit vielen verzeichneten Menschen füllte, und hörte das Stimmen der Instrumente.

Gestern um dieselbe Stunde hatte sie denselben Blick in die Tiefe getan. Und da war ihr – gestern – ganz leise die Lockung ins Blut geschlichen:

»Wie wär' es, wenn ich mich jetzt noch weiter vorbeuge und das Gleichgewicht verliere...«

Sogleich aber hatte sie scharf diese Versuchung von sich gewiesen. Es war die Tiefe, der Abgrund, der leere Raum und seine Anziehungskraft auf die Seele, die sie wohl kannte, nicht aber der Wunsch, ihrem Leben ein Ende zu machen. Dessen war sie sich so klar bewußt, daß sie noch eine Weile lang trotzig dem Abgrund die Stirne geboten hatte, ehe sie das Geländer verließ... gestern...

Und gestern war doch ein Grund da zum Verzweifeln. Heute

aber und jetzt war doch nur Grund da zur Freude und zu Dankgebeten. Francine suchte hastig die Dankbarkeit in sich, sie suchte das Erlösungs- und Glücksgefühl, das wenige Minuten vorher noch bei Philipps Geständnis in ihr gepulst hatte. Aber sie fand nur eine große Öde, die ihr in den Ohren rauschte wie gottloses Wasser. Immer scheußlicher wuchs das Tönen dieser Öde in ihrem Gehör. Aber es machte nicht bewußtlos, nein, es stachelte bösen Scharfsinn auf. Erkenntnisse rauschten:

»*Gestern* habe ich etwas besessen. Ängste, Konflikte, Entschlüsse! Ich war reich. Die Erlösung hat mich leer gemacht. Mir ist, als hätte ich heute einen großen Verlust erlitten. Das Glück grinst. Und was ich gewesen bin, werde ich doch nie wieder sein...«

Francine wußte genau, wie gefährlich es war, diesen Gedanken der Öde weiterzuspinnen. Sie hoffte, irgendeine Tür werde sich öffnen, ein Gast aus dem Zimmer treten, ein Stubenmädchen, ein Diener jetzt vorüberkommen. Sie lauschte krampfhaft nach Schritten. Schritte allein hätten genügt, sie vom Geländer zu lösen und sanft in ihr Zimmer zu führen.

Doch nichts rührte sich.

In der Tiefe des strahlenden Schachtes aber brach die Jazzband los. Das Jammern der Saxophone, das gepreßte Keuchen des Blechs, das Teppichklopfen des Schlagwerks versammelte sich hier oben zu seinem eigenen Echo wie eine schaurige Menagerie. Um den schwankenden Lüster aber schwirrte das tückische Flüstern unsichtbarer Insekten. Und unten begann das betäubende Phlegma des Tanzes.

Francine erzitterte. Unter den äffisch kletternden Klängen glaubte sie jetzt den faden Boston zu entdecken, der nichts anderes war als die Melodie der großen Öde, die sie beherrschte, die alles beherrschte. Noch einmal machte sie einen kleinen Versuch, vom Geländer loszukommen, aber schon war jeder Finger mit eigenen kitzelnden Ketten festgeschmiedet. Und nur der Weg nach Vor blieb frei. Da ergab sie sich.

Aber sofort entwuchs dem gottlosen Phlegma, der Öde, ein tödlicher Übermut. Und dieser Übermut hielt die Luft für ein dichtes Element wie Wasser und den Abgrund für tragfähig. Mit zwei Schwimmtempi mußte der goldene Leuchter zu erreichen sein...

Warum trat kein Gast aus seiner Tür? Warum ging kein Mensch vorbei? Warum erbarmte sich in den weiten Gängen des Hotels auch nicht ein Schritt mit menschlichem Hall?

Der große Dampfer der Hamburg-Amerika-Linie arbeitete sich mit hohlen Hilferufen der Sirenen durch den Nebel.

Der Zug hatte Rom verlassen und durchkeuchte wie wahnsinnig die Nacht.

Aber nichts mehr konnte Francinen retten.

Spielhof

Eine Phantasie

> Nur Sehnende kennen den Sinn
> Wagner

Lukas hatte in der Nacht seines dreißigsten Geburtstages einen Traum geträumt, dessen er sich am Morgen nicht mehr entsinnen konnte. Wie seltsam war das Erwachen gewesen! Alles Gefühl seines Körpers war ihm verlorengegangen. Nicht anders empfand er sich, als man seinen Fuß fühlt, wenn der in einer krampfhaften Stellung einschläft. Du kannst ihn stark anpacken und schlagen, aber er ist fremd geworden und gehört dir ebensowenig als Tisch oder Buch, das du anfaßt. Nur die berührende eigene Hand spürt sich selbst. So ging es Lukas, als er erwachte, mit seinem Leibe. Es schien ihm, als ob die Seele über dem Bette und einem fremden Leichnam darin schwebe, kühl und ohne Erinnerung.

Langsam verschmolz er erst wieder mit sich, – aber seit der Stunde dieses Erwachens war er und die Welt für ihn leise verstört.

Wenn er ans Fenster trat und auf den Ringplatz der kleinen Stadt hinaussah, griff er sich plötzlich mit den Händen an die Augen, als müßte sein Blick in Ordnung gebracht werden – denn der war allzu weit eingestellt, und erkannte die zwei plumpen Landauer nicht, die vor dem »Roten Krebs« standen, die Weiber mit den Obstkörben, das Zwiebeldach des Stadthauses und den Kellnerjungen, der die Gartentische vor der Bierhalle abstaubte.

Kam er am Abend aus seinem Amt nach Hause und ließ sich auf dem breiten Stuhle vor seinem Tische nieder, mußte er sogleich aufspringen, denn ein plötzliches Herzklopfen raste in ihm, daß ihm schwindlig zum Umsinken ward. Dann legte er sich wohl auf den alten mit Wachsleintuch bezogenen Diwan, dessen weiße Emailleknöpfe großväterlich in die Petroleumlampen-Dämmerung schimmerten.

Aber auch hier war keine Duldung.

Er sprang wieder auf die Füße, streckte den Kopf vorwärts ins Dunkel wie ein Jäger. Stille stand gewaltig um ihn. Die hohen gedämpften Geigen der Sphäre, die alle Räume ausfüllt, tremo-

lierten. Und in seinem Ohr begann langsam der Wasserstrahl uralter Brunnen zu tönen, der in verborgenen Höfen ins ausgewaschene Steinbecken springt. Er lauschte mit angehaltenem Atem. Aber aus dem Rauschen des geheimnisvollen Wassers löste sich das Wort nicht.
Zerschlagen legte er sich zu Bette.
Ein fremdes und großes Leiden ließ ihn nicht einschlafen.
Ihm war, als wäre er für eine Stunde in einer unbekannten Welt gewesen und hätte dort das geliebteste Wesen, ein Weib, einen Freund, ein Kind begraben müssen. Dann aber sei er mit seinem Schmerz, doch ohne Erinnerung an den Inhalt dieses Schmerzes aufgewacht.
Am Tage saß er in seiner Kanzlei und starrte auf die Uhr, die über seinem Pulte hing. Die Federn kratzten. Bösartig staubige Schritte schlürften über den Boden. Manchmal fiel ein dummes Wort. Aus einer Ecke meckerte ein Gelächter zurück.
Er aber hörte nur, wie das Uhrgefäß sich mit den Tropfen der Sekunden füllte. Wenn die Stunde voll war, so lief es über und die überflüssigen Tropfen fielen klingend daneben. Auch er hielt es nicht aus und mußte ein Schluchzen in die Kehle zurückdrängen.
Einmal trat der Kanzleivorstand hinter ihn.
»Herr Lukas, wie oft muß ich alles wiederholen?
Der Elench ist wieder nicht in Ordnung.
Exhibit Numero 2080 ist nicht ad acta gelegt. Ich sage es ja immer! Glauben Sie mir, bei meiner Erfahrung!! Die Sonntags- und Protektionskinder sind zumeist schlampige Träumer! Ja, wenn der Herr Papa Hofrat gewesen ist.«
«Ich bin ein Träumer, nur vergesse ich den Traum.«
Lukas sagte das ganz klar und erschrak über seine Stimme.
Die Schreiber bogen sich, boshaft wie Schuljungen, vor Lachen. Der Boshafteste klappte mit ernstem Gesicht immer nach.
»Zerstreut sind Sie – zerstreut sind Sie«, sagte der Vorstand, wischte gemessen die Brille und drehte sich in der Türe nochmals um.
Eines Morgens, als Lukas nach unruhigem bösen Schlaf erwacht war, hörte er sich laut diese Worte sagen:
»Vergessen ist Sünde. Vergessen ist die schwerste Sünde, die es gibt.«

Er stützte sich auf, aber konnte seinen Mund, der ohne seinen Willen redete, nicht beherrschen.
»Aufstehn muß ich – und suchen – suchen!« Langsam kleidete er sich an. Um seinen Hals lag eine Wolke, wie eine warme neblige Spitzenkrause. Aus dem Kasten nahm er den Rucksack, stopfte Brot und ein wenig Wäsche hinein.
Dann ergriff er seinen Stock und ging.
»Wohin gehe ich nur?« fragte er sich wie betäubt, als er auf den leeren Platz hinaustrat, der rötlich im Sonnenaufgang flammte.
»Den Traum suchen«, antwortete die Stimme.

Lukas schritt aus und hatte bald das Städtchen hinter sich. Eine seltsame Macht trieb seinen Schritt an, so daß sein von schlaflosen Nächten übermüdetes Herz kaum nachkonnte. Fremd und unvertraut standen die vielen Kegelberge des Mittelgebirges da. Der Nebel war längst gefallen. Nur um das Haupt des Donnersberges tauchte noch eine Wolke, als wäre sie der letzte Atemstoß des toten Vulkans.
Ein Nußhäher mit blauen Flügeln flitzte vorbei. Hoch oben stand ein Raubvogel.
Lukas wanderte unter einem dünnen Dach von Vogelstimmen. Keine glich der anderen. Die Nadel- und Laubwälder, die über den Kuppen und Kegeln wogten, hatten das noch ein wenig gerupfte Aussehen eines verspäteten April. Aber die Wiesen und Weiden standen schon voll Löwenzahn.
Lukas verließ die Straße, verließ den Fußweg und bog in ein schmales grünes Tal zwischen zwei Waldbergen ein. Der almhafte Grasboden war nachgiebig, und das erleichterte das Herz des Wandernden. Die verzweifelte Unruhe wich ein wenig – und plötzlich warf er sich nieder und biß leidenschaftlich in die Erde. Es war der Kuß eines Liebhabers. »O Stern, den ich küsse, du duftest nach Weib.«
Ihm war, als ob er durch diesen Kuß dem Geheimnis sich genähert hätte, das zu suchen er Auftrag hatte.
Ohne Bewußtsein und Ziel ging er weiter.
Es mochte gerade Mittag sein, als er aus seinem lichten Tal in ein noch engeres, felsiges kam. Er mußte an der Lehne des Berges klettern, denn in der Tiefe tobte ein Bach. Doch fand er bald einen Karrenweg. Viele kleine Holzbrücken mit spitzen

Dächern führte dieser Weg mit sich, die er über die Schluchten des Baches spannte. In jedem dieser Brückengewölbe hing ein Muttergottesbild mit einem Öllicht.
Plötzlich machte Lukas Halt.
Hier sollst du nicht weitergehen, fühlte er.
Etwas zitterte in ihm mit feinem Ausschlagswinkel der Magnetnadel.
Er schloß die Augen und kletterte den steilen Hang empor. Auf der Höhe dehnte sich ein ruhiger dichter Wald. Die Stämme standen starr. Nur die Wipfel beugten sich schwerfällig melodisch hin und her. Und das dröhnte aus unendlicher Ferne heran, schwebte mächtig einen Augenblick und entdröhnte wieder in unendlicher Ferne.
An Speis und Trank hatte Lukas noch nicht gedacht. Er bedurfte ihrer auch nicht. Immer trieb es ihn vorwärts.
Eine Erinnerung verließ ihn nicht. Als Kind war er mit dem Vater durch einen Wald gegangen. Der Vater auf dem Wege voraus, er hinterher. Oft bückte sich der Bärtige nach einem Kraut, nach einem Pilz, oft schlug er auch ein Dickicht auseinander, wenn er dahinter eine gute Fundstelle vermutete. Sie sprachen kein Wort miteinander. Plötzlich ist der Vater nicht mehr da; im Jungholz verschwunden, hat er den Knaben allein gelassen. Der aber läuft irrsinnig vor Angst und Schmerz den Weg weiter hinab und sucht den andern. Zu rufen wagt er nicht. Eine Scheu und Beklemmung verbietet ihm immer, seinen Vater mit dem Wort »Vater« anzureden. Er verzehrt sich in doppelter Angst um sich selbst und um den Verschwundenen, der vielleicht abseits vom Wege zusammengestürzt ist und im Farrenkraut liegt.
Später trat der Vater aus der Dickung und das Kind ließ sich nichts anmerken.
Diese Erinnerung an eine Kinderangst ging Lukas nicht aus dem Kopf.
Immer eilte er vorwärts. Wortlos rief es in ihm: Weiter – weiter!
Schon hing der Abend mit gelben und roten Fahnen im Geäst.
Der Berg neigte sich. Er lief ihn hinab. Nun war er aus dem Walde.
Er eilte durch Gras, das immer höher und höher wuchs und ihm

bis an die Hüfte ging. Er spürte andere Luft und einen schaukelnden Wind, wie ein neues geschaffenes Wesen. Plötzlich stand er am Ufer eines breiten Flusses. Der Fluß wälzte sich in starkem Gefälle. Die Strömung riß lange energische Striche und Runzeln in die Flut. Das Wasser trug den sterbenden Abend des Himmels wie Trümmer und Balken einer noch rauchenden Brandstatt mit sich.
Die Ufer des Flusses waren schmal. Ein kleiner Strich von Sand und Gras zu beiden Seiten; doch rechts und links stiegen unvermittelt die unabsehbaren Wälder wieder auf.
Es war kein Mensch zu sehen.
Wasservögel schossen in treffsicheren Bögen, ihre Flügel nicht netzend, knapp an der Wölbung des Wassers vorbei – über einer versumpften Stelle am Rande zitterte eine Unzahl Libellen in giftig und zarten Farben.
Im Wirbel tanzend trieben geschälte Baumstämme die Strömung hinab und auch Dinge mitunter von geheimnisvollerer Form, die von der Dämmerung verschattet dahinfuhren. Am anderen Ufer erhob sich nun der große Abendlärm der Frösche und Unken. Auch sammelten sich dort Nebelballen, die wie Staubwölkchen auf der Straße aufschossen und vergingen. In ihrem Hin und Her glichen sie den späten verregneten Passagieren, die irgendwo am Rhein, am Don oder am Ufer eines großen Sees das nahende Glockenzeichen des letzten Dampfers erwarteten.
Lukas schritt das Ufer entlang nach der Seite hin, wo die Sonne untergegangen war und das letzte Licht schwamm.
Die Dämmerung war schon fast vorbei. Hinter seinem Rücken summten die vortastenden Finsternisse, magische Hummeln.
Und jetzt war es Nacht.
Noch immer fühlte er keinen Hunger und kein Ruhebedürfnis, so ganz witternde aufspürende Seele, wie ein Gespenst zur Erscheinungsstunde. Seine Gelenke streuten die Schritte leicht vor sich hin, als gälte es keinen Widerstand zu überwinden. Er sprang unbekümmert und sicher wie ein an der Hand geführtes Kind.
Auf einmal sah er ein Licht in der Nacht, gar nicht fern und am diesseitigen Ufer.
Er kam heran.

Halb noch am Strand und halb schon im Wasser lag eine mächtige Fähre, breit und platt. In ihr stand ein riesiger Mensch, der eine Laterne an den Gürtel geschnallt trug und die lange Stange in den Sand stemmte, als wenn er eben abstoßen wollte. Sein Gesicht war von unten beleuchtet. Auf dem Haupt saß dem Mann ein kolossaler Strohhut, doch verdeckte der nur zur Hälfte sein Haar, das lang war und ihm in den Nacken und vor die Ohren fiel. Er trug einen schneeweißen Schnauzbart, dessen lange Spitzen gezwirbelt und gedreht waren und weit nach abwärts von seinem Gesicht abstanden. Augenbrauen, Nase, Backenknochen – dies alles glich sehr dem Bilde, auf dem der hussitische Feldherr Zizka von Trocnow dargestellt wird. Nur war der Fährmann nicht mehr grau, sondern schon gelbweiß und schien steinalt zu sein.

Als Lukas an die Fähre trat, sah er auf. »Was wollen Sie?« fragte er unfreundlich mit der Stimme eines langgedienten Soldaten aus der Zeit, wo man sich vom Militär noch loskaufen konnte.

»Ich will hinüber.«

»Warum denn das? Jetzt? In der Nacht?«

»Ich muß suchen.«

Der alte Schiffsmann begann zu lachen –

»Wo wollen Sie denn übernachten, mein guter Herr?«

»Gar nicht – oder im Walde – was weiß denn ich?«

»So steigen Sie schnell ein.«

Das sagte der Alte schon bei weitem freundlicher. Mit einem gewaltigen Ruck stieß er das Boot vom Land ab. Eine Kette kreischte im Wasser. Nun stemmte der Fährmann das Kinn an die Brust und das Krückende der Stange gegen die Schulter. So lief er keuchend, prustend, sein ganzes Leben gegen das Wasser drückend, vom hochgelegenen Bugende das ganze Schiff hinab, das sich schief gegen die Strömung vorwärts arbeitete. Hatte der Greis einen Lauf und Angriff beendet, so kehrte er zum Bug zurück und ließ die Stange im Wasser nachschleifen.

Die Laterne an seiner Brust zwinkerte und schwankte. Lukas erschrak. Die Augen dieses alten Schiffers waren lichtspendender als die Laterne. Über den verfließenden Formen des Wassers und der Nacht standen sie wie zwei unberechenbare blaue Feuer. Nach jeder Tour mit der Stange schienen diese Feuer wilder zu werden und weiter um sich zu greifen. – Als sie

die Mitte des Stromes erreicht hatten, hielt der Alte in seiner Arbeit inne und sprach seinen Fahrgast an.
»Was Sie suchen, können Sie vielleicht auch bei mir finden?«
»Was suche ich denn?« sagte Lukas abwesend und ließ seine Hand durch das schwarze Wasser schleifen.
»Für dumm brauchen Sie mich nicht zu halten, junger Mensch! – Sie suchen einen Traum.«
»Ja! Ich suche einen Traum, dessen ich mich nicht erinnern kann. Und Sie, woher wissen Sie es denn?«
»Scher dich nicht darum! Tut nichts zur Sache«, sagte mit tiefer lauter Stimme der Fährmann und sah ihn mit seinen starren Feuern an.
Lukas schloß die Augen.
»Du kannst bei mir, in meiner Schaluppe deinen Traum finden, wenn dir die Nacht gnädig ist. Darum sollst du bei mir übernachten.«
Lukas schwieg.
»Nun, du brauchst dich nicht zu zieren und zu spreizen! Oder ist dir gar der Gedanke, bei mir zu übernachten unangenehm und wider die Schnur? Was? Ach, du Bub, du! Es haben schon ganz andere Herrschaften bei mir genächtigt und ihren Traum gefunden. Ganz andere Herrschaften, hohe Herrschaften, allerhöchste Herrschaften! Was sagst du zu meiner Einladung?«
Der Greis hatte den Strohhut weggeworfen. Das dichte, lange Weißhaar tanzte um den Schädel. Die Stange hielt er hoch in die Luft. Der Abschein des schwachen Lichtes hinter den Wolken lag auf ihm und dem Wasser.
Mit einem ehrfürchtigen und gar nicht furchtsamen Gefühl sagte Lukas:
»Ja, ich will in Ihrem Haus übernachten.«
»Ach was! Haus hin, Haus her! Eine Schaluppe ist es! Du siehst es schon! Gleich am Wasser, mein Lieber!«
Die Fähre landete. Der Alte vertaute sie sofort, dann stellte er sich hin und wartete auf Lukas, der vom Bordrand heruntersprang.
»Die Maut!« sagte er sehr ernst.
Lukas entrichtete die zehn Kreuzer.
Beide gingen sie dann auf die Schiffshütte zu, der Alte voran, diesmal die Laterne in der Hand tragend.

Der Fährmann führte Lukas in eine niedrige Stube und hing die Laterne an einen Nagel. Das Licht hing so hoch, daß der Raum ziemlich hell war und Lukas ihn gut überblicken konnte.
Fürs erste sah es hier nicht anders aus, als in der Kammer eines unordentlichen trunksüchtigen Arbeiters. Das innere Fenster war offen. Auf einem Brett standen leere und zerbrochene Flaschen, ein halber Blumentopf, eine ausgeschüttete Tüte Nägel und alles mögliche sonst. Auch auf dem groben Tisch in der Mitte der Stube stand und lag alles durcheinander. Zwei Biergläser, fette Papiere mit Speiseresten, eine kleine Petroleumlampe und einige auseinandergerissene Zeitungen. Doch die eine Wand nahm ein breites Bett mit frischen schneeweißen Überzügen ein. Es war aufgeschlagen und schien eines Gastes, eines vornehmen Schläfers zu harren. An der Wand gegenüber war auf einem eigenen Tisch das uralte Modell einer Galeere aufgestellt, wie sie zur Zeit des Kolumbus in den Brauch kam. Was aber den Blick von Lukas am meisten bannte, waren unzählige Bilder und Bildchen, die die Wand austapezierten, ja – wie die letzten Zwergkiefern im Hochgebirge vereinzelt noch bis zur Decke hinaufkrochen. Über dem Bett hing ein sehr großer Öldruck. Er stellte Gottvater dar, riesig in den Wolken sitzend, ihm zu Füßen, die Hand regierend ausgestreckt, Christus, der Sohn, und die Taube des heiligen Geistes in einer Glorie abwärts zur Erde fliegend. Das wäre ja nichts Besonderes gewesen, denn diesen Druck kann man in vielen Bauernstuben finden. Aber gleich daneben hing das Bild einer anderen Götterdreiheit. Uranos zuoberst mit den Armen Kronos umschlingend, auf dessen Knien ein jugendlicher Zeus sitzt. Ein drittes Bild zeigte einen mächtigen Götzen in Gestalt eines Phallus mit zwei ausgestreckten Armen, der an jeder Hand einen anderen Götzen hält. Ein viertes Bild schien eine ägyptische Trinität darzustellen, ein fünftes die Trimurti, ein sechstes eine nordische Drei-Götter-Gruppe, das siebente eine indianische. Und auf allen Bildern, wenn Lukas deutlich hinsah, fand er das gleiche Motiv der Theogonie und Dreieinigkeit.
Die Augen trübten sich ihm. – Wahrlich, eine seltsame Kapelle, diese Schifferhütte. Während Lukas' Seele von den unzählig grausig geheimnisvollen Bildern ganz gebannt war, hatte sich der uralte Mann in einen Lehnstuhl gesetzt und ächzend einen schweren Stiefel nach dem andern abgestreift und mit einem

Krach ins Zimmer geworfen. Nun war er aufgestanden und mit nackten schwankenden Schritten trat er an die Seite des Lukas. – Er schien größer als vordem zu sein. Sein Kopf rührte an die Decke!
»Da schaust du, Junge, was?« sagte er.
»Kommt seinen Traum suchen und findet die aparteste Sammlung.«
Er wies auf das Bild von Gottvater, Christus und dem heiligen Geist.
»Vater, Sohn und heiliger Geist und immer wieder dasselbe«, er beschrieb mit seinem Zeigefinger einen Kreis um sich.
»Immer wieder dasselbe. Vater und Sohn, Vater und Sohn! Sehr gut! Der dritte flau, scheinheilig, ein Herr daneben, zeugt nicht und ist die Rechtfertigung der Schwätzer. – Vater und Sohn! Überall Vater und Sohn! Sehr gut!«
Plötzlich verdüsterte sich sein Blick.
»Immer Vater und Sohn! Wer weiß aber etwas vom *Großvater?* Und so er ein Vater ist, muß er einen Vater haben. Und so er zeugt, muß er gezeugt sein! Wer weiß etwas vom Großvater?«
Die Augen des alten Riesen blickten rein, feurig und furchtbar. Seine Gestalt bebte. In der Beugung seines Rückens lag etwas von der stolzen Demut eines Entthronten. Lukas verstand in diesem Augenblick seinen Schmerz. Er sah ihn tief an. Der Alte bemerkte das, lenkte plötzlich ab.
»Mein Sohn, dieses Bett wartet auf dich. Leg dich nieder. Mögest du den Traum, den du verloren hast, hier finden!«
Lukas gehorchte – all seine Wachheit und Kraft hatten ihn auf einmal verlassen.
Der Fährmann wartete bis er fertig war. Dann ergriff er die Laterne und wandte sich zur Türe. Lukas setzte sich noch einmal auf:
»Wie nennt man Sie?«
Darauf der Alte, dessen Stimme plötzlich einen gicksend, zahnlosen Ton bekam:
»No halt – Großvater – sagen die Leute zu mir.«

Dies aber war das Traumgesicht, das Lukas in dieser Nacht erschien.
Er lag tot und starr auf einem mächtigen schwarzverkleideten

Katafalk, jedoch in keinem Sarge, sondern in einer Mulde dieses Katafalks, die der Größe eines menschlichen Körpers angepaßt war. Nur sein Kopf ruhte sehr erhöht und frei auf einem Kissen. Links und rechts von ihm waren zwei ebenso große Vertiefungen ins schwarze Gerüste eingelassen. Er konnte sich nicht rühren, er atmete nicht, und die schlaglose Muße seines Herzens, das ungeheure Ruhegefühl seines Körpers, der sich gelöst, wie nach einer furchtbaren Anstrengung, streckte, dies alles sagte ihm: Es ist vorbei! Du bist tot.
Seine Augen waren offen. Er konnte alles sehen. Und er sah, daß er inmitten eines großen Domes lag. Die Höhe der Wölbung war riesig, nicht abzumessen. Gerade über seinem Haupte aber war sie in einem Kreis durchbrochen, und in der Öffnung brannte ein tiefgoldener Himmel, dessen Schmelzfluß über sein Antlitz strömte, ohne ihn zu verletzen oder zu blenden. Sein Herz klopfte nicht. Sein Geist dachte nicht. Und dennoch: *er war.* – Dieses Sein war aber eine Seligkeit, die mit keiner andern sich vergleichen konnte. Ob Stunden, ob Jahre, ob Sekunden hinstrichen, er wußte es nicht. Immer gleich war das goldene Feuer in der Öffnung des Pantheon. Hie und da flogen über die Kuppel riesengroße Störche. Lukas sah deutlich, wie die roten Fäden ihrer Beine graziös unter der Flügelspanne hingen.
Auf einmal sprangen die drei Tore des Doms auf. Das gewaltige Mitteltor und die beiden etwas kleineren Seitentore. Zuerst war nichts zu sehen als der Überschwang eines Tages, wie ihn die Erde, wie ihn ein Planet nicht kennt. Eine göttliche Feuersbrunst aller Farben flutete in die Kirche – aber der Tote fühlte nichts anderes als: Das ist der wahre Tag! Und er sah: In dem mittleren Tore stand der alte Fährmann. Mit seiner Gestalt reichte er bis an die Spitze des Torbogens. In seiner Hand hielt er die Ruderstange, doch war sie jetzt von Gold. Von den Schultern bis zu den Füßen hinab hing dem Alten ein blauer Mantel.
Durch die beiden Seitentore bewegten sich gleichmäßig zwei Züge. Je sechs vermummte Gestalten trugen eine Bahre und stellten sie vor dem Katafalk nieder. All ihre Schritte und Bewegungen geschahen rechts und links gleichzeitig und im Takt. Von jeder Bahre hoben sie einen Leichnam und legten ihn in die beiden Mulden zu Seiten des Lukas. Das geschah sehr

schnell. Kaum war das Werk beendet, fielen die Türen des Domes zu; Fährmann und die Vermummten waren verschwunden und Lukas mit den beiden Toten allein.
War's nun, daß sich sein Traum unterbrach, war's, daß er sich verwirrte, Lukas schien es, als wäre eine lange Nacht hereingebrochen und er hielte die Augen geschlossen.
Und er erwachte wieder in diesem Dom, tot und hingestreckt auf seinem Katafalk. Doch in der Kuppel war das Licht verwandelt. Es war hart, milchig, dämmernd und strömte nicht mehr, sondern tropfte. – Vor ihm aber stand der Alte. Diesmal war seine Ruderstange von Elfenbein, sein Mantel schwarz mit silbernen, magischen Sternchen bestickt. An den spitzen Enden seines Schnurrbartes hing je ein Glöckchen und klingelte bei jeder Bewegung. Und Lukas hörte die Stimme des Alten:
»Langschläfer, steh auf! Vielleicht findest du hier, was du suchst!«
Er berührte ihn mit der Ruderstange. Lukas fühlte sein Leben zurückkehren, erhob sich und stand auf der Fläche des Katafalks. Er wollte den Alten anreden. Der aber war verschwunden.
Lukas sah hinter sich! Da hatten sich die beiden Toten, die neben ihm gebettet waren, auch erhoben und standen da. Das harte Licht floß leise um ihre Erscheinung.
Es waren zwei Männer. Der eine in der Kraft seiner Jahre, der andere jung, fast ein Knabe noch. Die beiden hatten die gleiche Größe, die gleiche Gestalt, wie Lukas.
Noch immer lag ein Schleier um die Augen des vom Tode Erwachten. Noch konnte er die Gesichter seiner Gefährten nicht erkennen. Ein Wind wandelte langsam durch die Kirche.
Die Lichte schwankten.
Und jetzt erkannte Lukas den älteren Mann. Es war sein Vater. Wie fröhlich, strahlend und rotwangig war sein Gesicht. Haupthaar und Bart dicht und schwarz, die Haltung des Körpers trotzig und voll gesunden Atems. So kannte ihn der Sohn nicht. Er hatte einen müden kranken Mann in Erinnerung, der sich von einem Sessel zum andern schleppte, grauhäuptig bei Tische saß, mit krankem Stöhnen vor der Zeit einschlummernd. – Und doch, vielleicht lag in der Lade eines vergessenen Schreibtisches eine Photographie, wo der Vater so aussah, wie jetzt, so schön, so männlich, so *brüderlich*.

Lukas fühlte sich weinen. Die Scheu war dahin, die Scheu dem Manne gegenüber, der streng richterlich im Erker am Fenster saß und die von roter Tinte durchfetzte mathematische Schularbeit abverlangte. Nun trat er ohne Bangen, ohne Angst, ohne Haß auf ihn zu, der so lange an seiner Seite die Prüfung des Todes in diesem Dom bestanden hatte. Er faßte die Hand des Vaters. Die warme, herzliche, weiche Hand eines Mannes, der zu leben verstand. Und der Vater erfaßte die Hand, zog sie an sich und drückte sie innig an sein Herz. Zum erstenmal im Leben fühlte der Sohn das Herz des Vaters, das lebendige Herz klopfen, und sein eigenes klopfte vor Ehrfurcht über dieses mystische Erlebnis.

Der Katafalk war verschwunden, und die Männer standen unter der offenen Kuppel auf den Steinfliesen der Kirche, Vater und Sohn dicht beieinander, ein wenig abseits der Jüngling.

Da sagte der Vater zu Lukas: »Komm«, und führte ihn an der Hand zu dem Jüngling.

Lukas sah ihn an und dachte: »Mein Vater ist schwarz, ich bin braun und er ist blond!«

Es wird alles immer heller. –

Der junge Mensch lachte die beiden an. Seine langen Haare wehten. Er war scharf und kräftig wie ein Trompetenstoß, und das Lachen der Welteinverstandenheit schwand nicht von seinem Antlitz.

Der Vater beugte sich zu Lukas und flüsterte: »Wir kennen einander, er aber ist unsere Vollendung.« Und Lukas sah, daß sein Vater weinte und ihm selbst rannen die Tränen eines nie gefühlten Glücks über das Gesicht. Er konnte nicht anders. Er fiel auf die Knie und küßte die Füße des schönen, lachenden Knaben. Aber dieser Kuß war ein Zauber.

Ein großer Donner erhob sich, der Dom zerbrach wie ein zartes Glasschloß und war verschwunden.

Die Drei aber führten sich an der Hand. Lukas in der Mitte, der Vater links, der Jüngling rechts. Um sie raste ein ungeheures Fest. Das goldene Licht und die unirdische Feuersbrunst der Farben waren wieder da. Tausend Züge von Menschen mit feurigen Fahnen und gewaltigen blitzenden Musikinstrumenten tanzten in einer tiefsinnig unbegreiflichen Ordnung durcheinander. Die Drei aber waren größer als alle. Lukas fühlte, wie sich die Wellen der Menge an seinen Hüften brachen. Er wußte,

was ich jetzt fühle, ist das höchste Glück des Geschaffenen. Tausend Gesänge wurden um ihn laut. Alle hatten aber diese Worte:
»Seht, wie sie schreiten, wie sie schreiten
Die ewigen Geschlechter!«
Einen zärtlich grünen Hügel schwebte er nun empor, an der linken Hand den Vater, an der rechten den Jüngling. Frauen, denen das Kleid von den Brüsten geglitten war, stürzten vor ihnen auf die Knie und flehten um den Segen einer Berührung. Lukas aber und seine Gefährten schritten durch die Anbetung der tausend Frauen hindurch. Sein Blick war auf den Gipfel des Berges gerichtet. Dort stand der alte Fährmann. Jetzt war sein Mantel ganz aus Gold, die Ruderstange aus einem durchsichtig strahlenden Metall. Die Glöckchen an seinem Schnurrbart klingelten wild. In der freien Hand hielt er seine Laterne. Die Flamme in ihr war unsichtbar. Immer näher kam Lukas dem Alten. Immer näher! – Jetzt schien das Licht in der Laterne zu erwachen, ward heller und heller. Alles andere aber verblaßte.
Und nun ist die Laterne ganz hell und fährt ihm über die Augen.
Er war erwacht. Über sein Bett beugte sich der Alte und leuchtete ihn an.
»Auf, auf, junger Herr, Sie müssen aus den Federn. Ich gehe in den Dienst.«
Lukas setzte sich im Bette auf. Es war frühe Dämmerung.
»Nun, haben Sie Ihren Traum in meiner Stube gefunden?«
»Es war ein Traum. Es war ein großer Traum, aber ein anderer als der, den ich verloren habe.«
»So müssen Sie weiterwandern!« sagte der Großvater mit einem grimmigen Ausdruck.
»Da, nehmen Sie das Frühstück.« Er reichte Lukas einen großen Topf Kaffee und eine Schnitte Brot.
Lukas aß und trank.
Dann traten die beiden ins Freie. Lukas hatte die Götterbilder mit keinem Blick mehr angesehen. Er fürchtete sie. In seiner Seele waren die Worte: Suchen – suchen!
Sie kamen zur Fähre. Der Alte band sie los. Am anderen Ufer sah Lukas Gestalten in der Dämmerung. Sie sahen aus wie die Schatten des Hades, die der Überfuhr harren.
»Wohin soll ich nun?« fragte Lukas.

Der alte wies mit einer unbestimmten geraden Handbewegung in die Richtung des Waldes.
»Wandere bis es Abend ist. In einem neuen Quartier wirst du mehr Glück haben! Leb wohl!«
Neu erwachte die Unruhe in Lukas. Er sah sich nicht mehr um und lief in den Wald.

Wieder wanderte er den ganzen Tag durch die großen Wälder. Seine Augen waren nach innen gerichtet, aber der Traum der Nacht vermochte sie nicht zu fesseln. Sie sahen tiefer und sahen nicht, was sie suchten. Von den Traumgestalten verblaßte zuerst der Jüngling. Lukas wußte nicht, wer er war, was er bedeutete. Sein Herz erkannte ihn nicht mehr. Auch der Vater verwandelte sich in seinem Bewußtsein sehr bald zu dem, der er gewesen war, als er bei Tisch saß oder in seinem Erkersitz, die Decke über den Füßen, Bemerkungen über die Vorübergehenden machte.
An den Fährmann, der sich Großvater nennen ließ, zu denken, verbot Lukas eine geheimnisvolle Scheu. Nie wieder wollte er sich an die grausige Zauberei der Götterbilder in der Schifferstube erinnern.
Wald und Alm, Wildbach und Moosfels, die gestern seinen Weg begleitet hatten, waren gute Antwort dem Gefängnis-Flattern seiner Seele gewesen. Denn es hatte sie an diesem Tag Heimweh erfüllt. Heimweh nach einer längst verfallenen Kindheit! Das Dröhnen des Laubes, das Tönen des Wassers, wie gut hatten sie ihm zugesungen. Ging er an einer Grube im Walde vorbei, erschauerte er und in ihm stand ein ehrfürchtiges, lang vergessenes Knabenwort auf: Höhle.
Heute aber war das Heimweh, das ihn nicht ruhen ließ ein anderes. Es war ein Heimweh, nicht mehr in die Vergangenheit. Ein Heimweh in die Zukunft – Sehnsucht! Unverständlich und von fremder Art.
Er trat aus dem Walde – und mußte stundenlang über Land wandern, durch frische Saaten, durch Heide, an vielen Obstgärten vorbei.
Alles blühte. – Und er wußte, während er mit kleinen Augen durch den Duft und süßen klaren Nebel ging, daß all dieses heute der Segens-Sopran sei über der dumpfen Vibration des Rätsels in ihm.

Doch wie gestern war er ruhelos. Kaum, daß er es vermochte, für eine Viertelstunde auf irgendeiner Böschung zu rasten. Gleich wieder riß es ihn auf: Weiter – weiter.

Gegen Abend kam er in ein Gebirge, das er nicht kannte. Blaue neblige Kegelberge, die ungeordnet durcheinander wuchsen. Sie sahen wie Berge auf chinesischen Bildern aus. Auch Menschen begegnete er. Einem alten Mann in Soldatenuniform, der eine Eßschale trug, einer Bettlerin, die am Straßenrand hockte, einem Menschen, der den Bergweg heruntergeschwankte, die Stange mit zwei Butten waagschalenhaft über den Schultern. Er mußte durch ein Dorf gehen. Zerzauste Mädchen trieben an ihm Gänse vorbei. Auf dem Dorfplatz neben dem Teich, wo Enten schnatterten und Buben im Tümpelwasser panschten, stand eine schöne riesige Linde in ihrem ersten Laub. Daneben erhob sich die Mariensäule. Auf dem Knauf oben hing eine Glocke im Eisenring. Ein idiotischer Mensch zog am Strick und läutete den Abend herab. Lukas ging die Dorfstraße immer weiter. Als er das Dorf schon längst hinter sich hatte, mußte er an einem Wirtshaus vorbei. Es hieß: »Zu den sieben Teufeln«. Wenn die Türe aufging, brach eine kurze Welle Lärm, Orchestrionmusik, Tanzstampfen und Bierdunst aus der Gaststube.

»Vorbei«, sagte er laut. Die Straße stieg immer höher nach Osten empor. Über einem Berg war noch die halbe Sonne zu sehn. Violette, rosenrote und gelbe Gletscher wälzten sich über die Waldhöhen und schmolzen in den Tälern. Lukas bog plötzlich von der Straße ab und stieg eine Anhöhe empor. Dann ging er den Waldrand entlang und kam vor ein kleines Bauernhaus, das aber nicht ganz so wie ein Bauernhaus aussah.

Er blieb stehen, sein Herz klopfte.

In die Türe trat eine Frau. Sie war sehr hoch. Ihr Haupt von keinem Tuch verhüllt, das blonde Haar flammte im Abend. Doch Lukas sah, daß seitwärts an beiden Schläfen in den mächtigen Kranz dieses Haares zwei dicke graue Strähnen geschlungen waren. Sie trug kein Bauernkleid, sondern ein weites schwarzes Gewand von einfachem Tuch, das dennoch in der Türe dieses Bauernhauses sich gar nicht sonderbar ausnahm. Ihre Füße waren nackt und trotz aller Mühsal der steinigen Wege, des Frühaufstehens und Wirtschaftens weiß

und ohne verdorbene Zehen. Sie mochte nicht mehr jung, doch auch noch nicht alt sein.
»Willkommen«, sagte sie mit einer tiefen Stimme. »Ich habe Sie erwartet.«
»So wußten Sie, daß ich kommen werde?«
»Sie sind mir angekündigt.« Sie hob ihren starken, weißen Arm, von dem der Ärmel zurückfiel.
»Wissen Sie...«
Die Frau unterbrach Lukas.
»Ich weiß es! Sie finden ein Nachtlager bei mir. Kommen Sie nur.«
Sie trat in die Türe zurück. Lukas folgte ihr. Wie sie ging! Ihr Schritt war ruhig, erhaben. So schön sie war, in Lukas regte sich keine Begierde. Er fühlte: Dies ist kein Menschenweib! Sie traten in eine Stube ein.
An der Schwelle konnte sich Lukas nicht zurückhalten und fragte:
»Wer sind Sie?«
»Die Frau des Bergmanns.«
Die Stube war niedrig und voll einer farbigen Dämmerung. Lukas sah eine Bettstatt, Felle und Decken, aber kein weißes Linnen. Gar nichts Weißes war zu sehen. In einer Ecke stand eine riesige Weltkugel. Sie war über und über mit spitzen Nägeln aus den verschiedensten Metallen genagelt. Auf einem Fuße stand Christus auf ihr, wie ein Tänzer, der sich bei jedem Schritt neue Nägel in die alten Wundmale bohrt. Zwei gewaltige Kästen rückten wie Nachbarberge aneinander. Von dem einen leuchtete eine sehr große Amethystdruse mit wunderbaren Kristallen herab, von dem andern die ehernen Verschlingungen eines wuchtigen Blockes Eisenblüte.
Lukas trat zu der Weltkugel.
»Was ist das?« fragte er.
»Der von den Nägeln wiederdurchbohrte Heiland.«
»Hat er denn am Kreuz nicht ausgelitten?«
»Nein! Er leidet jetzt mehr, da er über den spitzen Stiften tanzt.«
»Warum sind die Nägel von verschiedenem Metall?«
»Vielfach ist das harte Herz der Erde.«
»Was aber ist sein Leiden?«
»Das Größte.«

»Und was ist das größte Leiden?«
»Zerstörte Erfüllung«, sagte die Frau.
Lukas erfaßte den Widerspruch dieser letzten Worte nicht.
Doch wußte er, daß nur ein Weib sie hatte sprechen können.
Die Frau ließ ihn eine Weile allein.
Dann kam sie zurück und setzte ihm eine Speise vor, stellte auch ein Glas dunkelroten Weins auf den Tisch und zuletzt eine Kerze, denn es war schon ganz finster geworden.
Lukas dankte. Ein Gefühl von hoher Ehrfurcht hinderte ihn, angesichts dieser schwarzen geheimnisvollen Frau, der er angekündigt war, die um sein suchendes Herz wußte, zu essen und zu trinken.
Inzwischen traf sie rätselhafte Anstalten.
In einem Winkel stand ein niedriges Tischchen. Drei kleine Vasen mit vertrockneten Blumen darauf. In die Vasen steckte die Frau frische Sträußchen Seidelbast. Dann staubte sie den Tisch ab und legte ein Tuch drüber. Die Vasen stellte sie in einer Reihe auf und vor jede ein winziges flaches Lämpchen mit einem Lichtlein. Vor diese Lichter legte sie je ein Näpfchen mit Milch und eines mit Weizenkörnern. Lukas sah gebannt auf ihr Tun. Sie richtete sich auf, stand groß in ihrem schwarzen Kleid da und verschränkte wie frierend die Arme in ihren weiten Ärmeln.
»Es ist für die Kinder...« Und dann nach einem Schweigen: »Gute Nacht! Ich wünsche Ihnen, daß Sie jenen Traum finden.« Die Bergmannsfrau war in der Tür verschwunden.

Dies aber war der Traum, den Lukas in der zweiten Nacht träumte.
Er geht durch einen wunderbaren, blühenden wilden Park immer den weichen Kiesweg in der blitzenden Sonne entlang. Sein Herz ist voll feierlicher Kraft. Ihm zur Seite flüstert ein Flüßchen. Ganze Wolken von weißen Schmetterlingen wanken drüber hin. Manchmal steht eine Bank da, auf der niemand sitzt; Bachstelzen wippen auf Weidenästen, die ins Wasser tauchen; Wärme und Gesang ist in der Luft. Er wandert schnell und schlägt mit seinem Stock taktweise den Kies der Promenade. Auf einmal gewahrt er, daß eine Gestalt in der Ferne vor ihm desselben Weges wandelt. Als er näher kommt, sieht er, es ist eine Frau. Sie trägt ein fließendes Kleid von Goldbrokat,

aber drüber hat sie einen grauen Flor geworfen. Er weiß, wer diese Frau ist, die er nie gesehen hat, und sein Körper spannt sich vor Glück. Er erreicht sie, tritt zitternd an ihre Seite und sagt: »Geliebte Frau.«

»Mein Mensch« – und seine und ihre Augen fließen ineinander.

»Warum bist du vorausgegangen?«

Und sie: »Nun hast du mich doch eingeholt.«

Er küßt sie! Dann träumt er sich reden.

»Wie ist das möglich! Wie ist das möglich! Ja, mein Herz war schwärmerisch. Aber vergänglich und flüchtig, wie das Herz der Schwärmer schon ist. Von der Galerie der großen Opern sah ich die Schönheiten in den Logen. Tränen stürzten mir aus den Augen, wenn ein unirdischer Fuß vom Wagentritt sprang. Einst stand ich ein ganzes Jahr lang täglich viele Stunden an einer Haltestelle der Straßenbahn, weil ich einmal eine Frau dort habe in den grellen Wagen steigen sehen. Nach zwei Jahren fand ich sie. Aber mein Traum war mächtiger geworden als sie selbst. Und auch die Demut ihres Haares half ihr nicht mehr. – Aber jetzt! Jetzt bist du bei mir, ehe ich dich träumte und das ist deine große Macht. Wie war das möglich?«

»Ja!« sagte sie. »Wo durch alles mußte ich gehn! Im Schlaf geküßt werden und es nicht wissen! Und immer dieser Schlaf. Und das nach einer Kindheit voll Angst, nach großem Ehrgeiz und Mädchenglanz. Ich mit den Kindern im letzten Zimmer. Sie dürfen nicht schreien, nicht weinen. Er aber, der gute Meister, sinnt nach und sinnt nach. Und sein hohes Antlitz kommt zur Vollendung. Müde ist er. In der Nacht muß ich vor den Apotheken stehn. Er wird immer müder. Die dünnen Lippen schließen fast nicht mehr, und offen liegen die kräftigen Zähne des Wollenden. Dann kommt jener Tag. Ich fahre ihm mit der Hand über die feuchte Angststirne, und er küßt diese Hand bebend zum letztenmal. Aber wo war ich da? Wo war ich? Alles muß ich um mich haben. Alles! Alles!«

Lukas ist es, als fahre aus ihren Augen plötzlich ein wilder, wahnsinniger Vernichtungswille. Dann aber sagt sie sanft und fast mit einer kleinen Angst:

»Du aber Einziger, du gehörst mir!«

Und Lukas fühlt einen beinahe bösen Stolz in sich.

»Ja! Ich genüge dir.«

»O du Geliebter! Ich habe gelebt. Die sanften und wilden Tiere scharen sich um mich! Aber du hast mich vom Tode erweckt, der dieses Leben war.«
Sie setzten sich auf eine Bank. Irgendwo tönt ein Orchester. Über dem Orchester schwebt die reine Stimme einer Sängerin. Sie singt eine italienische Cavatine.
Lukas fühlt sich sprechen.
»Ist diese Melodie nicht wie eine süße Gemse, die ein bärtig göttlicher Jäger von Berg zu Berg verfolgt? Jetzt stürzt sie den Felsen ihrer Kadenz hinab und bleibt zu unseren Füßen liegen. Tot – selig!«
»Wie rührst du das Herz meines Herzens an.«
»Ich habe von Musik gesprochen.«
»Wir allein wissen, was sie ist.«
»Sie ist unser Einverständnis mit Gott«, sagt er.
»Sie ist unser Einverständnis mit Gottes Welt«, sagt sie.
Sie erheben sich, sie gehen durch endlose Wiesen und schweigen.
Plötzlich stehen sie vor einem großen indischen Tempel. Tausend Götzenfratzen starren auf sie hinunter.
»Wir müssen hinein.« Sie schreitet voraus. Lukas folgt ihr.
Jetzt sind sie in einem großen Hof. In der Mitte breitet sich mächtig ein Bassin aus. Aber statt Schlamm und Wasserresten sieht man darin Asche, Schlacken, und hie und da spritzt noch ein Flämmchen empor. Inmitten des Bassins steigt ein Springbrunnenrohr auf, an das eine lange Schnur befestigt ist. »Dein Metall ist voll toten Gesteins, Geliebter! Du mußt ins Bad steigen, dich zu reinigen.« Lukas springt in den Brunnen. Sie zieht an der Schnur. Ein wilder Regen von Feuer überschüttet ihn, ohne ihn zu verbrennen. Er steigt aus seinem Bad. »Bin ich nun rein?« fragt er. »Etwas reiner«, sie lacht. »Aber es war ja kein Feuer, nur Feuerwerk – schön zum Ansehn.« Sie verlassen auf der andern Seite den Tempel. Jetzt ist es Sommer. Die Saat steht hoch, schnittreif, und wie wenn eine Geigensaite springt, platzen die Ähren. Kornblumen und Mohn überall, auch Wegerich und die schöne Rade. Die Sonne brennt.
»O wie dieses Reifen so warm in mir ist«, sagt die Frau. »Ich bin ja die Natur! Ich!«
Der Wind weht ihr eine Locke in die Stirne. Sie streicht sie mit der Hand zurück.

»Wie schön ist das«, fühlt Lukas.
Und er sagt: »Wie schön bist du! Ich liebe dich!«
Sie sieht ihn nicht an. Doch ein leises seliges Stöhnen kommt über ihre Lippen. »Dieser ganze gärende Stern ist in mir.«
Sie wölbt mit einer Handbewegung die Luft, als liebkose sie die unsichtbare Schwangerschaft eines Geistes.
Dann küßte sie ihn heftig.
»Ich habe nie gewußt, daß es das gibt.«
»Ich auch habe es nie gewußt.«
»Ich dachte, es darf kein Glück geben und daß die Menschen lügen, weil sie's nicht wagen, sich's einzugestehen.«
»Ich dachte, es wäre das Häßlichste und brächte nichts als Abscheu und Ermüdung, die wir Männer, um nicht grausam zu sein, verbergen.«
»Und nun haben wir es erfahren!« Sie faßt seine Hand.
»O Hand, Hand, Hand«, sagt er.
Und sie: »Nun wird es Abend.«

Lukas steht mit der Frau an einem offenen Fenster. Draußen ist es Nacht, und der Garten braust.
»Ich werde dich küssen, heute nacht.«
»Ich bin selig«, sagt sie.
»Bist du selig, weil du mich hast?«
»Ja, aber noch um etwas andern willen bin ich selig, Geliebter.«
»Werde ich dich küssen dürfen, heute nacht?«
»Nichts anderes darfst du.«
Draußen beginnt eine häßliche Vogelstimme wütend zu schnarren.
»Bedeutet das Böses?« fragt er.
Und sie antwortet: »Ich weiß es nicht.«
»Tun wir Sündiges?«
Sie aber lacht.
Und sie umarmen einander.

Eine Terrasse. Wie warm ist die Nacht. Sie sitzt dunkelgolden auf einem Lehnsessel. Lukas liegt, die Hände unterm Kopf, auf dem Boden und starrt in die Sterne.
»Führen wir jetzt über den Äquator, so könnten jene Sterne das Kreuz des Südens sein.«

Ein Fixstern beginnt kalt und in hundert Farben zu funkeln wie ein böses Eissplitterchen. Lukas sieht den heimlichen Stern wachsen und wachsen. Er fühlt: Jetzt in diesem Augenblick hat uns das erbarmungslose Jägerauge erblickt.

»Schweige«, ruft angstvoll die Stimme in ihm. Aber schon spricht er es aus: »Ich fühle einen bösen Stern über uns.«

Ihm ist als müßte sogleich eine Peitsche über seinen Rücken fahren. – Die Strafe.

Sie aber sagt und Furcht ist in ihrer Stimme: »Schau nicht hinauf und sprich nicht von diesen Dingen.«

Der Vogel beginnt wieder. Sein Ratschen ist mächtig. Er schnarrt, als säge er mit einem langen Zackenschnabel die Bäume des Gartens ab, die Lebensbäume, den Lebenswald. Lukas denkt: »Ich werde nicht davon reden!« Er sieht sie an und fühlt: »Sie tut, als würde sie nichts hören.«

Dann: »Ist nicht der Liebe eine tödliche Falle gelegt?«

»Welche?«

»Die Begierde.«

In ihren Augen stehen Tränen.

Er spricht weiter. »Ich fühle, was der Fluch der Ausschweifung ist. Sie schweift ab. Sie entfernt sich vom Geliebten und darum tötet sie.« Er wirft sich vor ihr nieder und flüstert: »Wir müssen immer geschwisterlicher zueinander werden.«

Nun sind sie in einem Zimmer. Sie trägt ein weißes Florgewand und hält in der Hand eine Kerze.

Der Vogel in der Nacht sägt weiter.

Sie sagt erschauernd: »Schließe das Fenster.«

Lukas schläft. Ein süßer Geruch von Thymian hüllt ihn ein. Plötzlich ist es ihm, als würde an der Türe schrecklich geklopft. Er erwacht, springt auf! Und nun steht er auf der Treppe eines großen Hauses. Viele Leute rennen in Hast und Schrecken auf und nieder. Frauen mit offenen Haaren im Nachtgewand. Manche tragen Schüsseln und Tücher, manche brennende Lichter. Alle wimmern und flüstern. Er hört Worte: »Die Frau!« »Sie stirbt!« »Eh' es zu spät ist!« »Schickt um Hilfe!« »Die Frau!«

Rasend stürzt er aus dem Haus, schreiend, brüllend. Er rennt durch den Garten, springt mit einem Satz über den Zaun. Schon ist der Morgen da. Wolkenkolosse ziehn. Er jagt einen Abhang hinab viele tausend Meter, Gestrüpp wirft sich ihm entgegen. Er verfitzt sich. Immer schreit er noch:
»Gott, Gott, Gott!!«
Nun gerät er in einen Sumpf, bricht immer tiefer ein. Das Moor geht ihm an die Brust. Er kann nicht mehr. Aber er arbeitet sich wieder heraus. Jetzt steht er schon auf der Landstraße. Nichts kann er mehr fassen.

Auf den Fußspitzen tritt er in ein Zimmer. Sie stirbt auf ihrem Bett. Auf der Stirne liegt ihr ein Tuch. Sie ist so schön, ihre Materie schwebt. Er verflucht den bösen Körper in seinen Kleidern. Zu ihrem Bett schleicht er und fällt auf die Knie.
»Ich bin schuld!«
»Es gibt keine Schuld.« Sie lächelt und in diesem Augenblick ist sie der Triumph der heidnischen Welt.
»Ich habe dich getötet.«
»Wir haben getötet«, beruhigt sie leise.
Er jammert: »Du sollst nicht sterben! Du darfst nicht sterben!«
Sie aber sagt, und ihre Züge werden glorreich: »Wenn ich sterbe, so bringe ich mich dar als Opfer deiner Bestimmung.
O schmerzloser Träumer!
Hart muß die Wirklichkeit sein, die für dich Wirklichkeit werden soll. Du aber mußt Wirklichkeit haben, sonst lebst du und stirbst du niemals.
O mein Geliebter, vielleicht bist du in der Hölle!«
Sie richtet sich ein wenig auf:
»Schreib deinen Namen auf ein Blatt. Sie sollen es mir unter die Zunge legen. So sehr habe ich dich geliebt.«
»Leben – leben – leben«, lallt Lukas.
Sie sagt: »Das, was das Heiligste, unsere Vollendung hätte werden können, ist dahin.« Sie legt die Hand auf den Kopf des Knienden. »Nun geh!«
»Wohin?« fragt er.
»Suchen – suchen!« hörte er noch.
Und da war er erwacht. An seinem Bette stand die Bergmannsfrau. Nun hatte sie ein Tuch um den Kopf und trug ein anderes über die Schultern.

»Die Stunde ist da, ich muß zu meinem Mann in die Grube.«
Er schaute verwirrt. Draußen begann es eben zu dämmern.
»Haben Sie den verlorenen Traum gefunden?«
»Nein. Er war es nicht. Aber ein anderer. Ein süßer und schrecklicher.«
Die Frau setzte ihm Milch und Brot vor. Er aß und trank. Sie sah ihn dabei an und sagte:
»Was uns beiden befohlen war, ist geschehen. Sie haben in meiner Stube Quartier gefunden.«
»Dem, was ich suche, bin ich näher gekommen, viel näher«, gab er zurück, »aber es ist mir noch nicht begegnet.«
»So wird es Ihnen zum dritten gewiß begegnen.«
Nun standen beide vor der Türe.
Sie trug zwei Gefäße in den Händen. In dem einen war Milch, im andern Rotwein.
Dies ist das Opfer, das man den Toten am Eingang der Unterwelt hinstellt – dachte Lukas. Und dann sprach er zu sich selbst:
»Wohin nun?«
Die Frau faßte seine Hand gütig.
»Immer quer durch den Wald. Lassen Sie sich führen. Wenn Sie Ihren Traum zur Mittagsstunde nicht wiederfinden, ist er verloren auf immer. Gehen Sie den Eichenhügel hinauf, wenn der vor Ihnen auftaucht. Ich selbst war schon an diesem Ort. Dort begegnet mir im Mittagsschein mein Liebstes. Frauen ist es nicht verwehrt, hinzugelangen. Männern aber immer, wenn sie nicht gesandt sind.«
Er fühlte, daß die Frau des Bergmanns seine Hand nicht mehr hielt. Als er aufsah, war sie verschwunden.
Wieder betrat Lukas den Wald und wanderte Stunde für Stunde. Heute aber war der Forst von keiner Lichtung, von keinem Tal unterbrochen und nichts riß den Wanderer aus seiner Versunkenheit. Immer dachte er an die Frau des Traumes, wie sie sterbend dalag, er fühlte sich wiederum im Sumpf einbrechen, nach Gott schreien, die Angst war wieder wach, und alle Traumworte wehten ihn mit kühlen Hauchen im Nacken an.
Die Wanderung seines ersten Tages war Heimweh gewesen, die Wanderung seines zweiten Tages Sehnsucht, und die seines dritten – Liebe. Es war Mittag geworden und aller Duft und

Atem schwieg. Und da stand auch schon der Hügel mit alten Eichen bestanden, von dem die Bergmannsfrau gesprochen hatte. – Lebte dieser Hügel schon irgendwo in seiner Erinnerung? War er in seiner Kindheit an diesem Ort gewesen? Lukas drängte Ahnungen zurück. Dann stieg er einen kleinen Fußpfad empor. Auf der Höhe des Hügels, mitten im Eichwald, war eine Lichtung, und in dieser Lichtung erhob sich ein sehr großer niedriger Rundbau aus Fachwerk, altfränkisch mit blitzenden Fenstern. Das Ganze unsagbar reinlich. Das doppelflügelige Tor stand weit offen, und ein glänzender Kiesweg lief hindurch.

Lukas trat durch das Tor in den Hof ein. Er mußte die Augen schließen, denn er fühlte: das habe ich geträumt.

Der Himmel über diesem Hof war unmäßig blau. In dieser Bläue tauchte eine Lerche, außer sich vor Gesang, auf und nieder. Rings an den gellend weißen Wänden lief ein erhöhtes Pflaster. Und auf diesem Pflaster nebeneinander standen hundert sonderbare Dinge und blendeten das Auge.

Es waren lauter Spielautomaten, um Kinder und einfältige Leute zu erfreuen. Lukas sah ein Puppentheater. Ein ausgeschnittener Pappe-Kapellmeister erhob den Stab, doch der Vorhang war unten. Daneben stand ein Savoyardenknabe aus Ebenholz, die starre Hand auf der Kurbel eines Leierkastens haltend. Hier ein mechanischer Pierrot in weißen Pluderhosen, schwarze Bummelknöpfe an der Bluse, dort eine plastische Gruppe, die eine napoleonische Szene darstellte, dann wieder ein Orchestrion und andere Musikapparate; dies und noch viele Dinge mehr.

Für einen Augenblick hatte Lukas alles vergessen. Wild erfaßte ihn Kindheit wieder. Er lief zu den Automaten und vertiefte sich in den Anblick.

Plötzlich fühlte er, daß seine rechte Seite sich neige und daß er etwas Warmes, zärtlich Kleines in der Hand hatte. Es war eine Kinderhand. Ein kleines Kind sah ihn an.

Lukas erschrak bis ins letzte seines Wesens mit jenem Schreck, den nur Menschen kennen, die hart am Tode, am Abgrund der äußersten Erkenntnis vorbeigegangen oder sich selbst begegnet sind. – Es war sein verlorner Traum. – Wer war dieses schöne weißlebendige Kind mit dem weichen blonden Haar und jener tiefsten Weisheit im Gesicht, voll schauenden

Fremdseins? Es lag auf diesen Kinderzügen die Weisheit jener Geschöpfe, die sich niemals durch die Geburt von sich selbst entfernt haben oder im Augenblick des Todes eins mit sich werden. Aber was war das? – Waren das nicht seine Züge bis ins letzte? War das seine Kindheit? War das der Plan, der er war, von dem er abfallen mußte? War er das selbst? War es sein...

Ein unbekanntes, unendlich warmes Gefühl überwältigte ihn – und dennoch verließ ihn der geheimnisvolle Schreck nicht.

Jetzt sagte das Kind: »Wirf doch einen Kreuzer hinein!«

Sie standen vor dem Puppentheater. Er warf die Münze in die Öffnung des Automaten. Der Vorhang flog auf. Eine kleine zirpende unordentliche Polka-Musik setzte ein. Auf der Bühne drehten sich einige Püppchen in rosa und himmelblauen Ballettröckchen ruckweise und ohne Takt. Die eine stockte, die andere kreiselte wie toll um ihren Stift. Dann war's vorbei, und der Vorhang sank noch schneller, als er sich gehoben hatte.

Der Knabe drückte Lukas die Hand.

»Das war schön, jetzt komm weiter!«

Sie traten vor den Savoyardenknaben. Wieder warf Lukas ein Geldstück in den Automaten. Das Werk rasselte. Mit kurzen Rucken bewegte sich die braune Hand an der Kurbel, pfeifend und klingend ertönte eine uralte, fast mythische Operettenmelodie, die plötzlich abschnappte.

»Gut!« Das Kind nickte mit dem Köpfchen.

»Komm weiter.«

Lukas ließ den Bajazzo tanzen und seine Glieder verrenken. Wild lachte das Kind vor Freude.

Lukas hob es hoch und sah ihm ins Gesicht. »Ja, du bist es. Komm mit mir. Komm mit mir! Fort aus diesem schönen Hof. Ich will dir ganz andere, viel schönere Spielsachen kaufen.«

Der Knabe sah ernsthaft drein.

»Du kannst mich nicht mit dir nehmen!«

»Warum nicht?«

»Weil mich nur meine Mama mitnehmen kann.«

»Wo ist deine Mama?«

»Nicht hier«, sagte das Kind.

Aber Lukas küßte es leidenschaftlich.

»Ich weiß, wo deine Mutter ist. Sie ist nicht gestorben! Sie lebt.

Heute nacht habe ich mit ihr gesprochen. Ich trage dich zu ihr, du mein Kind! Wir finden sie, wir werden sie finden.«
Das Kind schüttelte den Kopf.
»Wir müssen mit der Großmutter sprechen.«
»Wo ist deine Großmutter?«
»Drinnen.«
»Im Haus?«
»Komm, ich zeig' sie dir.«
Das Kind führt Lukas in eine Bauernstube. Es riecht nach Moder. Spinnweben tausendfach kleben an der Decke und in der Wölbung des niedrigen Fensters. Der Raum ist durch eine Holzbarriere in zwei Teile geteilt. Ganz hinten in der Dämmerung in uralter Bauerntracht, mit einem vergangenen Kopfputz, am Spinnrocken sitzt die alte Frau – nein, es ist eine Figur, eine Puppe. Die mit Häcksel gefüllte Großmutter regt sich nicht.
»Großmutter«, ruft das Kind.
Die Figur bewegt, schnarrt und erhebt sich. Sie macht einige Schritte und wird ganz menschlich. Nun tritt sie zur Barriere. Sie scheint Lukas gar nicht recht zu bemerken. »Da bist du ja, Bub«, sagt die Großmutter in einem ganz fremdartigen Dialekt.
Das Kind stammelt.
»Denk dir Großmutter! Er will mich mitnehmen. Er hat auch die Mama gesehn.«
»Das fehlte noch«, schilt die Großmutter.
»Erst geben sie dich in Pflege und dann –«
Sie hebt den Knaben über die Barriere. Der hält die Handflächen hoch.
Lukas sieht die Schicksalslinien seiner eigenen Hand. Er fühlt: Nie werde ich diese Händchen vergessen.
Schon hoffnungslos:
»Großmutter! Geben Sie mir das Kind.«
Die Großmutter hört ihn gar nicht. Sie nimmt den Knaben in die Arme. Er scheint auf einmal viel kleiner zu sein und weint leise.
Auch ist er wächsern und puppenhaft.
»Jetzt wird geschlossen!« herrscht die Großmutter Lukas an.
Er verläßt die Stube, er verläßt den Hof, er verläßt das Tor.
Erst als er wieder auf der Lichtung steht, dreht er sich um.

Doch, da ist der Spielhof verschwunden und sein *wiedergefundener Traum*.
Er geht zur andern Seite des Hügels und sieht vor sich die kleine Stadt, die er vor drei Tagen verlassen hatte.
Wie unendlich müde ist er.
»Nun muß ich da hinunter«, sagt er laut.

Anmerkungen

Nicht der Mörder, der Ermordete ist schuldig. Der Titel kommt von einem albanischen Sprichwort, auf das Werfel wie auch auf den Stoff des Romans von seiner Frau aufmerksam gemacht wurde. Das Werk erschien in München, Kurt-Wolff-Verlag, 1920. Im Englischen erschien es unter dem Titel ›Not the Murderer‹ in dem Sammelband ›Twilight of a World‹ (New York, Viking Press 1937). Neben einer längeren Einleitung schrieb Werfel Glossen zu den hier gesammelten Werken. Leider ist das deutsche Original der Glosse zum Mörderroman verschollen. Daher brachte der Herausgeber der ›Gesammelten Werke‹, Adolf D. Klarmann, eine Rückübersetzung aus dem Englischen.
»Dieser kurze Roman ist das älteste Werk in dieser Sammlung ›Aus der Dämmerung einer Welt‹. Es war dies der erste ernstere Erzählungsversuch eines jungen Menschen, geschrieben zu einer Zeit, als die Dämmerung noch herrschte, in ihrer allerletzten Stunde. Vielleicht kann die Unmittelbarkeit des Erlebens den Mangel an künstlerischer Reife verzeihen lassen. Der Grund dieses Versuches lag weniger in einer literarischen Inspiration als in dem menschlichen Gefühl, das sich eher durch das geschriebene Wort Erleichterung verschaffen als durch das gedruckte Wort Aufsehen erregen wollte. Das kleine Buch wurde in wenigen Tagen niedergeschrieben; sein Stoff ein Verbrechen, das die große Sensation Wiens war, sein Inhalt ein Brief an den Staatsanwalt. Mit wenigen Änderungen wurde der Brief dem Roman einverleibt; das außerordentliche Verbrechen, auf dem sich die Geschichte aufbaut, ist in kühnen Worten und dem wirklichen Sachverhalt gemäß ohne weiteren Kommentar erzählt. – Im Frühling des letzten Kriegsjahres besuchte der Autor mit seiner Frau, die er erst kurz vorher kennengelernt hatte, den berühmten Wurstelprater in Wien, diesen alten Vergnügungsplatz des Volkes, eine Art Hetzmesse, der in jenem grausamen Hunger- und Elendsjahr auf den Zuschauer einen greulichen und spukhaften Eindruck machte. Die Ohren wurden von dem Geplärr der elektrischen Orgeln durchgellt. Es gab allerhand Arten grober Vergnügungen, darunter auch eine dumpfe Schießbude, die die Frau des

Autors so sehr erregte, daß sie das Bild nicht abschütteln konnte. Sie war nämlich vor Jahren mit einer Gruppe von Freunden im Prater gewesen, und eben diese Bude war ihr als die wesentliche Erinnerung an den Platz im Gedächtnis haftengeblieben, weil die Puppen menschliche Gestalten mit äußerst lebenswahren Gesichtern hatten, in denen das ganze Weltelend sich ausdrückte. Statt der Flinten dienten große harte Bälle als Geschosse. Ein sommersprossiger, halbwüchsiger Junge bediente die Kundschaft mit den Bällen. In der Gesellschaft befand sich an dem Abend auch ein Künstler, der wegen seiner hellseherischen Gabe bekannt war. Er schaute eine Zeitlang zu, wie diese menschlichen Figuren von den Bällen bombardiert wurden, worauf er, auf den sommersprossigen Jungen zeigend, bemerkte: »Eines Tages wird ein Mörder aus ihm werden.« – Meine Frau wiederholte nun den Satz, der sie so sehr beunruhigt hatte. Es war noch Krieg, und auf irgendeine phantastische Weise schien es ihr, als ob ein Zusammenhang damit und der Bude mit ihrem Ballbombardement bestehe. Sie wollte diese Bude wiedersehen. Da wir uns aber nur schwer auf der ausgedehnten Wiese zurechtfinden konnten, fragten wir ein altes Weib, das Karten für ein Karussell verkaufte. Höchst erstaunt antwortete diese: »Ja, wissen Sie es noch nicht? Folgen Sie nur der Menge! Gestern nacht wurde der Besitzer von seinem eigenen Sohn erschlagen.« Dieses Zusammentreffen von des Lebens Mysterium und seiner Wirklichkeit, die unentrinnbare Verkettung einer Schuld mit der anderen, wühlte den Autor merkwürdig auf. In jugendlichem Eifer setzte er sich hin und schrieb den Brief an den Staatsanwalt, auf den diesen Roman folgen zu lassen er sich bemüßigt sah.«
Diese Erzählung wurde von Adolf D. Klarmann innerhalb der ›Gesammelten Werke‹ in den ›Dritten Band‹ der ›Erzählungen aus zwei Welten‹ aufgenommen (Frankfurt am Main, S. Fischer Verlag 1954).

Die Hoteltreppe. Diese Erzählung wurde ebenfalls in englischer Übersetzung in den Sammelband ›Twilight of a World‹ (New York, Viking Press 1937) aufgenommen. Das deutsche Original der hierzu geschriebenen Glosse ist erhalten.
»Der Abgrund lockt. Nichts andres erzählen die wenigen Seiten dieser Novelle. Sie ist eigentlich ein Selbstgespräch, und durchaus kein wirres, das sich während der kurzen Zeit begibt, die ein junges frisches Mädchen braucht, um vier Stockwerke eines Luxushotels auf einer breit ausladenden Marmortreppe zu ersteigen.

Es gibt wohl kaum einen Menschen, der die Lockung des Abgrunds nicht erlebt hat. An der Dachbrüstung eines Hochhauses, am Geländer eines Aussichtsturmes, wer hätte da nicht schon die ziehende Versuchung empfunden, sich in die Tiefe zu werfen? Man nennt dieses Gefühl, oder ein Element dieses Gefühls, »Schwindel«. Was in der zeitlichen Dimension die »Ungeduld« ist, der selbstmörderische Wunsch nämlich, daß die gegenwärtige Minute dieses kurzen Lebens endlich vergangen sein möge, das ist das Schwindelgefühl in der räumlichen Dimension: der selbstmörderische Wunsch, keinem Hier und Dort mehr unterworfen zu sein.

So viele Menschen diesen gefährlichen Wunsch dunkel in sich erfahren, so wenige erliegen ihm. Und doch, es kommt hie und da vor, daß sich jemand plötzlich in die Tiefe wirft, der vorher eine derartige Absicht niemals angedeutet hat. Man sucht dann nach logischen Gründen für den Selbstmord.

Das Merkwürdige an der Geschichte unseres jungen schönen Mädchens ist, daß es noch gestern, am Tage vor der tragischen Treppenbesteigung, einen logischen Grund gehabt hätte, dem Abgrund das Auge zuzuwenden. Aber gestern, in der Not ihres Herzens, hat sie der Tiefe nicht acht gehabt. Und heute, da der Grund ihrer Herzensnot verloren ist, oder vielleicht *weil* er verloren ist, heute nähert sie sich neugierig dem Geländer...

Die Familie, aus der Francine stammt, ist nicht gleichgültig für das Verständnis ihres Schicksals. Ihr Vater trägt den berühmten weißen in der Mitte geteilten Bart, den Kaiserbart. Er war kaiserlich-königlicher Minister unter Franz Joseph. Der Mann gehört nicht zu den überlebenden Fahrgästen des großen Schiffbruchs. Er stand mit auf der Kommandobrücke.

Auch die junge Francine, so spät sie auch geboren ist, kommt noch aus der Dämmerung einer Welt, ehe sie in die Dämmerung einer anderen geht.«

Diese Erzählung wurde von Adolf D. Klarmann innerhalb der ›Gesammelten Werke‹ in den ›Zweiten Band‹ der ›Erzählungen aus zwei Welten‹ aufgenommen (Frankfurt am Main, S. Fischer Verlag 1952).

Spielhof. Diese Erzählung erschien zuerst 1920 als Einzelausgabe im Kurt Wolff Verlag, München. Sie wurde von Adolf D. Klarmann innerhalb der ›Gesammelten Werke‹ in den ›Ersten Band: Krieg und Nachkrieg‹ der ›Erzählungen aus zwei Welten‹ aufgenommen (Stockholm, Bermann-Fischer Verlag 1948).